般若心経には人類を救う驚くべき力がある

梶原和義

JDC

はじめに

般若心経は日本人に大変愛されていますが、本当の意味が全く理解されていないのです。日本人は生活については非常に熱心ですけれど、命についてはほとんど考えようとしない悪い習慣があるのです。これは日本人だけでなく、現代人全体に言えることです。

全世界の人間は生活のことは考えています。政治経済のことは熱心にに考えますが、命のことは真面目に考えようとしていません。これが文明の根本的な間違いですが、それがそのまま、日本社会に露骨に現われているのです。

般若心経は彼岸に渡る上智のことを言っています。上智というのは、普通の人間の常識ではないもっと上級な叡智という意味になります。

彼岸へ渡るというのは、現世に生きている状態を乗り越えて、向こう岸へ渡ってしまうという意味です。これが実行できますと、死なない命が分かるのです。

般若心経は命に到る方向が端的に明示されているのですが、般若心経をまともに読もうとしていないために、せっかく愛唱していながら、その意味が全然理解されていないのです。これが宗教としての般若心経の悪さです。

般若心経を宗教のテキストのように考えていることが間違いの原因です。宗教ということになりますと、いわゆる信教の自由がありまして、信じても信じなくても自由ということになるのです。だから、般若心経の内容が分かろうが分かるまいが、形式的に読んだり書いたりしていれば、それで般若心経が分かったような気持ちになるのです。これでは本人の霊魂には何のプラスにもならないのです。

彼岸に渡る上智の基本は何であるのかと言いますと、五蘊皆空ということです。五蘊というのは、色受想行識の五つです。色受想行識が全部空だと言っているのです。知識、常識はすべて人間の思いです。思いというのは簡単に言いますと、人間の思いのことです。これは全部空っぽだと言っているのです。思いというのは、生きている間だけのものであって、心理的に命の本質から考えると、空であるということです。空っぽとは何も無いというのではなくて、上智ではないものです。

皆様が現世に生きているのは、皆様の思いによるのです。だから、死んでしまうのです。これを新約聖書で言いますと、肉の思いは死であるとなるのです。

肉の思いというのは、人間が常識的に社会通念として考えていること、思っていることが全部死であるということです。

現在の文明は、死んでいくに決まっている人間の思いが固まってできているのです。死んでしまった人間の思いや死んでいくに決まっている人間の思いが固まって、文明ができているのです。従って文明を信用している人は、皆死んでしまうことになるのです。学問でも、自分の常識も死んでしまった人の思想を勉強すれば、死んでいくに決まっているのです。

命には二つありまして、死ぬに決まっている命と死なないに決まっている命と、二つの命があるのです。

現在の日本人は気の毒なことに、死んでしまうに決まっている命を自分の命だと考えているのです。こういう考え方が空であると、般若心経は言っているのです。

般若心経の思想は五蘊が中心になっているのです。色蘊、受蘊、想蘊、行蘊、識蘊とあります。蘊とは人間の気持ちの中にわだかまっている思い全体の働きです。これがあるために人間は死んでしまうのです。五蘊に人間は頼っている。これが死んでいく原因です。

自分自身を再発見するのです。自分自身とは何でしょうか。自とは何を指しているのでしょうか。現在の人間は自分自身という言葉を使いますけれど、実は自分自身がはっきり分かっていないのです。

肉体的に生きている自分を自分自身と考える場合には、肉の思いになりますが、これは死ぬに決まっている考え方です。

本来の自分自身は何かというと、皆様が精神的に生きているその状態です。精神的に生きている自分の精神のあり方を転換することができるとすれば、死なない命を見つけることは必ずできるのです。

イエスは死を破った人であって、日曜日は歴史的な形で死を破ったことを記念した日です。死は絶対ではないのです。人間は必ずしも死ななければならないものではないのです。

イエスが死を破ったのですから、彼がどのような生き方をしていたかを慎重に勉強すれば、死を乗り越えることは十分にできるのです。

イエスは「私を信じる者は死なない」と言っています。「生きていて私を信じる者は死を見ない。死ぬことがない。死を経験しない」と言っているのです（ヨハネによる福音書11・25、26）。イエスと同じ考え方をしますと、死なない命を発見することは十分にできるのです。

目の黒いうちに、死なない命の実物を発見するのです。これはできるのです。心を更えて新にせよとパウロが言っています。心はマインドであって、精神のことです。精神を更えて新しくする。精神をやり直せば、死なない自分を発見することができるのです（ローマ人への手紙12・2）。

本来皆様は死なない命を持って生まれてきたのです。後天的な条件によって、文明社会全体の流れが死ななければならないものとして、人間の命を認めてしまっているのです。このような命の認識の仕方が間違っているのです。

人間は何かを信じなければ生きられないのです。皆様は意識するかしないかにかかわらず、必ず何かを信じています。人間は自分自身で自立することができないのです。大自然の助けなしでは命は一時間も持たないのです。太陽光線がなければ、空気がなければ、水がなければ生きていけないのです。自立自存できないのです。

だから、何かを信じなければならないに決まっているのです。大多数の人は文明を信じているでしょう。国とか社会を信じているでしょう。国、社会は私たちが肉体的に生きているという条件では必要なものです。しかし、国も社会も皆様の命を保障することはできません。だから、皆様の命は自分自身で考えなければならないのです。

文明を信じていますと、必ず死にます。現代文明は仮定によって造られています。例えば、科学とはこのような場合であるとか、法律はこのような概念であるとか、政治経済、宗教、芸術はすべてこのような概念であるというように限定されているのです。

そのような知識的概念、常識的概念に基づいて生きていかなければならない状態です。これから出るためには、般若心経がどうしても必要です。五蘊皆空です。人間の思いは皆間違っているという考え方です。これをまず承知するのでなかったら、皆様は必ず死にます。

死ぬのはこの世を去るだけではありません。人間は現在、命を間違って使っているのです。命を天然自然に従って用いないで、文明的な感覚、社会的な感覚で用いていますと、命の使い方が全部間違ってしまいます。だから、死んでから命の使い方が間違っていたことについて責任を追求されます。これが霊魂の審判です。

悪いことをしなくても、現在人間が自分の思いでに勝手に生きていることが、罪悪です。自分の命があると考えていることが罪になるのです。命は自分のものではないのです。天のものです。天のものを貸し与えられている。ところが、貸し与えられている命を、自分のもののように考えて占領していることになりますと、背任横領になるのです。

そこで、命の使い方が正しいか正しくないかによって、皆様が死んでから後の世界は悲惨なものになるのです。これを、皆様の潜在意識は知っているのです。皆様の心の奥底ではこのことが分かっているのです。だから、死が無限に恐いのです。これは皆様の霊魂が、現在の生き方が間違っていることを承知している証拠です。

皆様の潜在者識に基づいて、正直に人生を見る気持ちになれば、イエスがどうして死を破ったかということは、必ずご了解頂けるでしょう。死なない命を見つけることは十分にできるのです。

死なない命を見つけるのは、何かの宗教に頼るとか、誰かの説を信じるのではありません。皆様が生きている事実の中にあるのです。これを見つけていただきたいのです。

般若心経には人類を救う驚くべき力がある／目次

般若心経には人類を救う驚くべき力がある

般若波羅蜜多心経《はんにゃはらみたしんぎょう》

（玄奘訳）

一 観自在菩薩《かんじざいぼさつ》……

二 行深般若波羅蜜多時《ぎょうじんはんにゃはらみったじ》……

三 照見五蘊皆空《しょうけんごうんかいくう》……

四 度一切苦厄《どいっさいくやく》……

五 舎利子《しゃりし》……

六 色不異空《しきふいくう》……

七 空不異色《くうふいしき》……

（現代語訳）

求道者である観自在が、

深なる真実の知恵において、実践を期して修行して居られたとき、

人間の精神的な在り方は、五つのもので組み立てられていると見きわめられました。しかも、その五つのものが、本性的には空であり、実体がなく、

従って、人間のすべての苦しみや厄災も、みな実体がないものであることを悟られたのです。

シャーリプトラよ。

この世の物質現象は空であって、現象的な意味での実体はなく、

その空であるものが、物質現象として存在して現われているのです（存在という事柄は、このようにして成立し

ているわけです）。

八　色即是空《しきそくぜくう》　空即是色《くうそくぜしき》…………つまり、物質現象はとりも直さず空なるものであり、空なるものが、すなわち物質現象であるのです（この二つは別のものではなく、はなれているものでもありません。存在するということの二つの面なのです）。

九　受想行識《じゅそうぎょうしき》…………だから、人間の感覚、表象、意志の働き、知識までも、

十　亦復如是《やくぷにょぜ》…………実はこれと同じ道理であることになります。

十一　舎利子《しゃりし》…………シャーリプトラよ。

十二　是諸法空相《ぜしょほうくうそう》…………存在するすべてのものに、現象的な実体というものはありません。それがこの世においての本当の在り方なのです。

十三　不生不滅《ふしょうふめつ》…………だから、生じたということもなく、滅したということもない。

十四　不垢不浄《ふくふじょう》…………汚れたのでもなく、汚れをはなれたのでもない。

十五　不増不減《ふぞうふげん》…………増すこともなく、減ることもないのです。

十六　是故空中《ぜこくうちゅう》…………だから、もし、空という現象的実体をみとめない立場に立つとすれば、

十七　無色《むしき》……

十八　無受想行識《むじょそうぎょうしき》……

十九　無眼耳鼻舌身意《むげんにびぜつしんい》……

二〇　無色声香味触法《むしきしょうこうみそくほう》……

二一　無限界《むげんかい》　乃至無意識界《ないしむいしきかい》……

二二　無無明《むむみょう》　亦無無明尽《やくむむみょうじん》……

二三　乃至無老《ないしむろうし》……

二四　亦無老死尽《やくむろうしじん》……

二五　無苦集滅道《むくしゅうめつどう》……

あらゆる物質現象はないことになります。

従って、感覚も、表象も、意志の働きも、それに属する色々な知識もないのです。

のみならず、目も、耳も、鼻も、舌も、身体も、意識さえもありません。

色や形もないし、声も香もない、味もないし、触覚の対象もない。さらに、そのような観念すらもないのです。

視覚の領域から意識の領域に至るまで、ことごとく存在しないことになります。

知恵も悟りもないし、無知や無明もない。知恵、悟りがなくなることもないし、迷いや無知がなくなることもありません。

そしてついに老いることも、死ぬこともなく、老いと死とが、なくなることもないのです。

苦しみも、その原因もなく、苦しみをなくする必要も、それをおさえる道もないことになります。

二六　無知亦無得《むちゃくむとく》……………………何かを知ることもないし、また何かを悟得するということもないのです。

二七　以無所得故《いむしょとくこ》…………………達するとか、得るとかいうことがないので、

二八　菩提薩埵《ぼだいさった》
依般若波羅蜜多故《えはんにゃはらみったこ》…………人はこの菩薩の彼岸への真実の知恵を依り所として、

二九　心無罣礙《しんむけいげ》……………………心にわだかまりや、さわりがなく住しています。

三〇　無罣礙故《むけいげこ》……………………心に暗いものがないので、

三一　無有恐怖《むうくふ》……………………色々な恐怖がなく、

三二　遠離一切顚倒夢想《おんりいっさいてんとうむそう》…………一切の顚倒した気持ちからはなれて、

三三　究竟涅槃《くぎょうねはん》……………………本当の平安に入っているのです。

三四　三世諸仏《さんぜしょぶつ》……………………過去、現在、未来にわたる心の目を開いた人たちは、

三五　依般若波羅蜜多故《えはんにゃはらみったこ》…………みなこの彼岸への真実の知恵によって、

三六　得阿耨多羅三藐三菩提《とくあのくたらさんみゃくさんぼだい》……この上ない正当な悟りを体得されたのです。

三七　故知般若波羅蜜多《こちはんにゃはらみた》…………だから、この彼岸への真実の知恵こそは、

三八　是大神呪《ぜだいみょうしゅ》……………………実に大いなる真実の言葉、

三九　是大明呪《ぜむじょうしゅ》……………………また、すべての苦悩をとり除くもの、

四〇　是無上呪《ぜむじょうじゅ》……………………また、無上の悟りの言葉、

四一　是無等等呪《ぜむとうどうしゅ》……………… 比類のない真実の言葉であり、

四二　能除一切苦《のうじょういっさいく》……………… また、すべての苦悩をとり除くもの、

四三　真実不虚故《しんじつふこ》……………… 全く偽りがない真実そのものであると知るべきでありま す

四四　説般若波羅蜜多呪《せつはんにゃはらみったしゅ》……… この真実の言葉は、彼岸への真実の知恵において

四五　即説呪曰《そくせつしゅわっ》……………… 次のように説かれています。

四六　羯諦羯諦《ぎゃていぎゃてい》　波羅羯諦《はらぎゃてい》
波羅僧羯諦《はらそうぎゃてい》　菩提薩婆訶《ぼじそわか》…… ガテー、ガテー、パーラサンガテー、ボーディー、スワーハー（渡った者よ、渡った者よ、彼岸へ渡った者よ、渡った者よ、完全に彼岸へ渡った者よ。その悟りに栄光があるように）。

四七　般若心経《はんにゃしんぎょう》……………… 彼岸への真実の知恵の心を、ここに終ります。

1. 般若心経は宗教書ではない

般若心経は一般の人々には仏教の経典であると思われていますが、実は宗教書ではありません。人間が現世に生きていることの見方、人間の正当な認識のしかた、悟りのしかたを述べているのです。

現世に生きている人間を正しく見ていきますと、一切空になるのです。肉体的に生きているということは、生きていると思っているだけです。目で見ているものがあると思っている。自分の思いがそのまま皆様の命になっているのです。これは生きているのではなくて、迷っているのです。このままでこの世を去ってしまえば、お先まっ暗です。

自分の常識を信じていること、自分の考えている人生があると思うことは大間違いです。皆様の人生があるのではない。生かされているということが、皆様という格好で存在しているだけです。

自分が生きているのではない。生かされているという事がらが、自分という格好であるのです。生きているというその事がらとは何か。これを神というのです。

皆様の心臓が動いている事がら、目が見えるという事がら、耳が聞こえるという事がら、人間の五官の働きはそのまま命の働きであって、命の働きというのは神の働きです。

命は物理的に働く事がらと、心理的に働く事がらと両方あるのです。皆様の目が見えるということ、耳が聞こえるということが、そのまま心理機能になるのです。

皆様は現在生きておいでになりますから、その命を勉強して頂きたいのです。これが聖書です。

般若心経で肉体的に生きていることが空だと悟ることです。人間の常識が間違っていることを知ることです。人間の常識が間違っていることを五蘊皆空というのです。人間の常識が間違っていることを悟る。これが般若心経です。

自分の目が見えるのはどういうことか、心臓が動いていることがどういうことか。神の命が皆様に宿っていることであって、この命の実質を知ることが聖書です。

常識が間違っているということと、今の実質を見ることの二つがあるのです。命の実質を見ることが救いになるのです。自分の考えが間違っていることを知ることは悟りになるのです。

般若心経は悟り、聖書は救いを説いているのです。

般若心経は消極的に皆様を叱っている。聖書は皆様を積極的に救うのです。この両方を勉強しなかったらだめです。日本人は両方共していませんから地獄行きです。文明のために日本人はこうなったのです。教育のせいです。

これからますます世の中が悪くなるのです。やがて世界の文明は潰れてしまうのです。

世間の人がそうなるのもしかたがないのですが、せめて皆様だけでも本当のことを掴まえて頂きたいのです。生きている命を本当に掴まえたら死ななくなるのです。

イエス・キリストは十字架につけられて殺されたけれども、イエスが生きていた状態が死ぬべき状態ではなかったために、生き返ったのです。復活したのです。イエスははっきり死を破ったのです。イエスが死を破ったという証拠に、日曜日という記念日があるのです。

イエスの最も分かりよい心境は、「自分が生きているのでは無い。生きているということが神だ」と分かっていたことです。神という事がらを生きていたのです。だから死なかったのです。

2. 般若心経は人間を叱っている

般若心経をご覧ください。般若心経の文句を読んでみますと、人間が生きている状態を真っ向から叱っていることが分かるのです。落ち着いて般若心経をお読みになれば、皆様ご自身がこっぴどく叱りつけられていることを感じるはずです。

五蘊皆空、色即是空、空即是色、究竟涅槃という言葉は、現在人間が生きている状態を、痛烈に叱りつけているのです。

ところが、般若心経を仏教の経典だと考えているために、いくら叱られてもさっぱりこたえないのです。お経が何か言っていると言ってそれでおしまいです。

般若心経を宗教扱いすることが間違っているのです。聖書をキリスト教の教本と考えていることが、間違っているのです。宗教ではない聖書と般若心経を、宗教にしてしまったのです。

そこで信じてもよい、信じなくてもよいという、いわゆる信教の自由ということになって、自分の霊魂をごまかしているのです。信教の自由というあやふやな言葉にごまかされて、自分の魂を騙しているのです。世界中の人間が皆これをしているのです。

生活を考えるのは結構です。しかし、生きている人間の命について誰が責任を持つのでしょうか。現在大学で教えている専門学が、人間の命について何の役にも立たないのです。人間存在の本質に関しては何の役にも立たないのです。ただ生活の役に立つだけです。

学者は専門学としかつめらしいことを言っていますけれど、単なる生活の知恵です。ノーベル賞と大きなことを言いますけれど、ただの生活の知恵にすぎないのです。それだけのことです。コンピューターができても、ロボットができても何になるのでしょうか。これが世界では最高のものと考えているのです。

今の人間は命のことを全然考えようとしないのです。霊魂の本質のことを全く考えようとしないのです。このような文明を愚かと言わずに何と言ったらいいのでしょうか。

大学へ行って何をしているのでしょうか。たくさんの学費を使って、四年間の時間を使って、何をしているのでしょうか。大学では生活の知恵を教えるだけです。生活の知恵を教えるだけだという看板をはっきりかけたらいいのです。人間存在の本質に繋がる可能性を持っていなければ学問という価値はないのです。人間存在の本質に繋がるような原理を持っていなければ、学とは言えないのです。

人間生活が便利になるための知恵を学問と言っていますが、これは生活の問題であって、学という程のものではないのです。このように人間の頭が曲げられてしまっているのです。命に対する真面目な考え方がなくなっているのです。

皆様はこういう社会に住んでいることを、よく考えて頂きたいのです。皆様が今生きている命は、必ず死んでいく命です。

肉体が火葬場に行って、灰になるのは当たり前ですが、肉体に宿っていた魂がどうなるかです。肉体に宿っていた精神機能はどうなるのでしょうか。これを考えようとしないのです。命が肉体的に生きている状態を魂というのです。精神機能が生理機能と一つになって生きている状態を魂というのです。

魂の目を開くこと、魂の存在価値を認識すること、魂に対して光を与えることが学というべきです。ところが、現在の学はこういうことを考えていないのです。

これは文部科学省が悪いのではありません。政治の一部として文教の面を司っているだけのことです。学の良し悪しは文部科学者の責任ではありません。全世界の文明指導者の責任です。現在の世界の文明の指導をしているのはユダヤ人グループです。これがアメリカの大統領に発言させているのです。ロシアの大統領に発言させているのです。これがユダヤ主義です。

人間文明にはこういう決定的な欠陥があることを知らなければいけないのです。決定的な欠点があることは、冷静に考えたら分かるのです。

天地の命が太陽になって現われています。太陽光線の反射によって地球が明るく見えます。太陽光線が大空のちりに反映して明るくなっているのです。これが命です。

天地の命がこのように働いているのです。天地の命が学の根本です。天地の命が光となっていること、また知恵となっていることが学です。大無量寿経ではこれを言っているのです。

皆様の命は無量寿という命です。死なない命です。「帰命無量寿如来　南無不可思議光」と正信偈にあります。無量寿如来に帰命することです。不可思議光とは皆様の脳細胞の働きです。

不可思議な光が人間に宿っているのです。これに南無となることです。自分の頭に宿っている光、理性の本質、良心の本質に南無となることです。

自分の心臓が動いているという事実は、地球が、自転公転していることと同じです。これがそのまま命です。この命を知恵として、また光として受け止めることになりますと、今生きている自分の命は、天地の命であることが簡単に分かるのです。

自分が生きているというばかな妄想、命は自分のものだと考えることは、非常に愚かな妄念です。この妄念さえ捨ててしまえば、死なない命がすぐに分かるのです。

太陽光線によって地面が明るく見えるのです。この太陽の働きが、そのまま皆様の知恵になるのです。太陽の働きという物理的なエネルギーが、そのまま皆様の心理的な知識に変更されるのです。

これができれば、皆様が死なない命を見つけることは何でもないのです。毎日、毎日、太陽の光を見ているのです。雨の日には太陽の光は見えませんが、雨の降る様子が見えます。太陽の輝き、雨の降る状態は大地の命です。天地の命がそのまま理論的に変化してくるのです。

宇宙物理の物理構造が人間自身の心理構造として、転換されるのです。この働きのことを神の御霊《みたま》というのです。御霊さえ分かれば何でもないのです。

御霊さえ分かれば、永遠の命を摑まえることは何でもないのです。皆様が生きていることを御霊というのです。「たま」というのは皆様が肉体的に生きている状進です。「しい」とは試みに生きていることです。これをたましいというのです。

たましいという言葉の意味さえ分かれば、太陽の物理的なエネルギーを、皆様の心理的なエネルギーに変化させることは何でもないのです。

自分が生きているということの傲慢な考え、ユダヤ的な傲慢な考え、文明人全体が持っている決定的な考えが、根本的に間違っているのです。

自分が生きている。命は自分のものだという傲慢な考えさえ捨ててしまえば、太陽の光がそのまま皆様の知恵となり、知識となるのです。

現在の人間は皆死なねばならないことを知っているのです。人間は色々な理屈をつけて、死ぬことをごまかそうとする思いがあるのです。「心やすく潔く死ねる方法」という本があるということですが、そういう本を読んでもだめです。

人間は死ぬために生きているのではありません、生きるために生きているのです。人間は死ぬものだという考えは、現代医学の根本的な間違いです。

病気を治すことだけが医学ではありません。命の本性を真っ直ぐにすることが本当の医学です。今の医者で命が分かる人は一人もいないのです。もしいたら、今の医学に対する不備、不満をぶちまけるはずです。ぶちまけないところを見ますと、今の医者は病気を治すこと、お金を取ることに一生懸命です。

医学は現代文明におべっかしているのです。今の文明には命がありません。命に対する認識がありません。このような文明におべっかしているのです。

これは医学だけではありません。科学も哲学も同様です。肉体的に生きている人間に迎合しているのです。おべっかしているのです。

大学という看板を掲げているのなら、少しは命のことを考えなさいと言いたいのです。分からないにしても、分かろうとする努力くらいはしてもいいのです。学ということにふさわしい努力を払うのは当然です。ところが、それをしていないのです。

「心やすく潔く死ねる方法」という本をいくら読んでもだめです。私たちの人生は死を乗り越えることが目的です。死を突破するのです。

釈尊やイエスの思想を真面目に勉強する気持ちさえあれば、血路を開くことは十分にできるのです。ところが、釈尊の悟り、イエスの信仰を宗教だと思っているから、何にも分からないのです。

3. 五蘊皆空

五蘊皆空とは、人間の考え方、思い方は、皆間違っているという意味です。お寺へ行ってお経の説教を聞くこと、お経について寺が教えていることが、間違っているのです。

仏教家の思想が、五蘊そのものです。五蘊そのものでしゃべっているお坊さんの話を、五蘊で生きている人間が聞いているのです。五蘊が五蘊に向かって話をしているのだから、全く漫画みたいなことになるのです。盲人が盲人の手引きをしているようなものです。

そういう宗教をいくら勉強しても、この世を去ってしまえば、一切通用しないのです。花の色、海の色、雲の流れをよく見れば、天然自然の命が分かるのです。その命を掴まえようとすれば、まず、自分の間違った考えを棚上げしなければならないのです。間違った自分の考えを持ったままで、命を理解しようとしても無理です。

人間の頭には、現世の常識がいっぱいつまっています。現世の常識がいっぱいつまっている所へ、さらに天地の命の本質を入れようとしても入らないのです。そこで難しいと感じるのです。

今までの自分の常識を頭に入れたままで般若心経を入れようとするから、入らないのです。難しいのではなくて、般若心経が人間の頭の中へ入るだけの余裕がないのです。

コップに一杯の水が入っているとします。その上に、さらに水を入れたら、こぼれるに決まっているのです。新しい水を入れようと思えば、今入っている水を流してしまわなければならないのです。

般若心経が難しい、聖書が難しいと思う。これは難しいのではなくて、受けとめようとしないのです。

空を正しく受けとめなければ、命は絶対に分からないのです。宗教は空を受けとらないままで、幸福になろうとする。死んでから、極楽や天国へ行こうとする。そういう間違いをしているのです。これは根本から間違っているのです。

生とは、天地自然の命です。これは死なない命です。空の色、海の色、青葉若葉の色は、死なない色です。花の色も死なない色です。

花は枯れます。枯れるまで、死なない命の色を、人間に見せているのです。精一杯咲いて、死なない色、命の色を人間に見せてくれるのです。花一輪が分かれば、今の真実が分かるはずです。

空の色は、人間が造ったものではありません。天然自然の命の色です。今日はいい天気だという言い方で、人の命が天の命を賛美しているのです。

このように、人の五官の本質は、死なない命を捉えるだけの力を持っているのです。

ところが、人間の常識が悪いのです。人間の知恵、人間の理屈、人間の利害得失という考え、物心が人間の頭にいっぱいつまっているのです。だから、目や耳が大自然の色、大自然の音を捉える力を持っていながら、それを理解することができない。そこで死んでしまうのです。

だから、般若心経は五蘊皆空と言って、人間の考えを捨てろと、しきりにすすめているのです。色即是空という言い方で、空を教えているのです。

この空が難しく思えるのです。般若心経を読んでも、空が分からない。空が分からないと言っても、生きている間は通用しますが、この世を去ったらどうなるのでしょうか。死んだら誰も教えてくれません。その結果、たった一人で考えなければならないことになるのです。

死んだらしまいというわけには、絶対にいかないのです。

人間の霊魂は、死なないものです。肉体は滅びますが、霊魂は絶対に死なないのです。

この世を去りますと、精神の働き、記憶はただちに凍結します。凍結してしまいますから、人間の頭は働かなくなります。

しかし、凍結は永遠に続くのではないのです。凍結したということは、眠りこんでしまったということです。ところが、やがて目をさます時が必ず来るのです。その時が恐いのです。

現在の人間は、死んでしまうに決まっている自分を自分だと思っている。ことです。死んでしまうに決まっている自分を自分だと考えていないとすると、全くの超人になるのですが、超人であろうとなかろうと、死んでしまうことは困るに決まっているのです。

困るに決まっている自分を、どうして自分だと思っているのでしょうか。自分が好んで、死んでいく人間を自分だと思っているのではないでしょう。誰かにそのように思い込まされているのです。誰に思い込まされているのか。文明によって、そういう世間並の思想に、まきこまれて、人間は死ぬものだと考えてしまっている。

ところが、魂があるのです。魂は、人間の中核的な存在、本体的な存在です。人間と魂とは違います。人間には固有名詞があって、市役所の戸籍謄本に登録された、世間並に通用するものです。

魂は、現に人間が生きているそのことがらを意味するのです。例えば、心臓が動いていることが魂であり、客観的に言いますと、それが神の実体になるのです。「神は自分のかたちに人を創造された」とあります（創世記1・27）。人と神とは、本質的に共通する原理を持っているのです。

人は、命を自由に価値づけることができるのです。自分の命に対して、自分で正札をつけることができるのです。般若心経はそれを言っているのです。

般若心経を愛好している人は、日本にはたくさんいます。数百万人の人々が愛好しています。もしかしたら一千万人を越すかもしれません。ところが、般若心経の五蘊皆空が、全く捉えられていないのです。そのために、世間並の世界観に従って考えなければならないような、束縛された気持ちを持たされているのです。

死ななければならないという考えは、束縛されている考えです。

自分の命に対して、自分の意志によって命を変換すること、転向することはできるのです。

自分の価値を自分で決定することが、人間の尊厳です。これをはっきり言ったのは釈尊であり、イエスです。

釈尊は自分の存在が空であるとはっきり見切ってしまった。これは世界観の転換です。今まで生きていた彼自身が、実は生きていないことを発見したのです。

釈尊は、自分が生きているという気持ちで出家したのです。ところが、生きていないことが分かったのです。その結果、自分自身の存在が空である。死ぬこと自体が空である。生まれてきたことが空なのだから、死ぬことも空であるという定義づけをしたのです。これが般若心経の根本精神です。

4. 彼岸へ渡る上智

般若心経は現世に人間が生きていることがむなしいものだと言っているのです。般若波羅蜜多というのは、彼岸に渡る上智をいうのです、彼岸というのは、人間が生きている世界（此岸）の向こう側です。

向こう岸（彼岸）というのは現世ではない本当の世界です、魂が生きるべき永遠の世界です。これが彼岸です。

向こう岸、本当の世界へ渡る上智を持って頂きたいのです。上智というのは、常識ではない本当の知恵です。今の実体を知ることができる知恵です。

仏教では上智のことを阿頼耶識《あらやしき》と言っています。阿頼耶識という理屈はありますが、本当の阿頼耶識を持っているお坊さんはいないのです。

彼岸へ渡る上智、本当に死なない国に渡る上智を持って、本当の国へ行ってしまうことが、般若波羅蜜多です。

般若心経を読んでいる人はたくさんいますけれど、本当の意味が分かっている人はめったにいないのです。写経している人もたくさんいますが、肝心の意味が分かっている人はめったにいないのです。

また、理屈が分かっていても、色即是空を本当に生活しているお坊さんは日本には一人もいないのです。これが宗教というものです。

本当に色即是空、五蘊皆空が分かって生活することになりますと、今日の日本の伽藍仏教は成立しなくなるはずです。

色即是空、五蘊皆空は、現在の日本の仏教のあり方を否定しているのです。般若心経は仏教も否定しているのです。

仏教の根本思想である四諦八正道の四諦を、無苦集滅道と否定し、十二因縁の無明から始って、老死に到るものを、無無明、無老死と否定しているのです。仏教の唯識論の根本思想である十二因縁と四諦八正道を真っ向から否定しているのです。

般若心経は仏法です。仏法は悟ることです。仏陀とは正しい悟りのことですが、本当の命を悟ることをいうのです。

本当の命を悟りますと、現在人間が生きていることが空であることになるのです。こうなるに決まっています。現在生きている人間は死ぬに決まっています。死ぬに決まっている人間のあり方は空に決まっているのです。

こんなことは般若心経を読まなくても分かるのです。冷静に考えますと、現在生きている人間は必ず死ななければならない肉体で生きているのです。必ず死ななければならないということは、空であるということになるのです。

人間は何のために生きているのか。生活のために生きているのではなくて、自分自身の実質、実体を見極めるためです。これが人間の目的です。

人間の目的は命の実質を見極めることです。命の実質を見極めますと、死なない命が分かるのです。

本当の命は死ぬものではありません。死なない命が本当の命です。これを見つけるために、現世に生まれてきたのです。この命を見つけると、魂が死なないものであることが分かるのです。

般若心経は死なない命の説明はしていません。現在生きている人間が、空だということを言っているのです。死なない命のことは、聖書を勉強するしかないのです。

聖書はキリスト教の書物ではありません。キリスト教は間違っているのです。キリスト教は宗教の中で最も悪いものです。イエス・キリストの名によって、イエス・キリストに反抗しているからです。

般若心経も聖書も、宗教の書物ではありません。般若心経を仏教で、聖書をキリスト教で扱っている。その扱い方が間違っているのです。

般若心経が悪いのではありません。般若心経を仏教の経典として扱っていることが悪いのです。この扱い方が間違っているのです。

宗教としての般若心経や聖書をいくら勉強しても本当の命は分かりません。死なない命を掴まえることです。これが人生の目的です。この世に出てきた魂は、死なない命を見つけなければならない責任があるのです。

死なない命とはどういうものか。これを勉強しなければならないのです。

現在の日本人のような不真面目な生き方をしていますと、死んでしまうに決まっています。せっかく苦労してこの世に生きていたのですが、それが何の役にも立たないのです。それが風のようなものになってしまうのです。埃のようなものになってしまうのです。

大体、文明が間違っているのです。現代文明が間違っているのです。学校では知能の啓発ばかりに一生懸命になっている。人間本来の情緒、人間の真心がめちゃくちゃになってしまったのです。

学問の方向が間違っていたために、命を全然考えない人間ばかりになってしまったのです。命を全然考えない学問が人類を支配しているために、現在の人間の真心というものがめちゃくちゃにされてしまったのです。このことを皆様にご忠告申し上げているのです。

現在の世間並の宗教は、現在社会に生きている人間に、ご利益を与えることを目的にしているのです。

ところが、般若心経は五蘊皆空、色即是空、究竟涅槃と言っています。究竟涅槃というのは現在生きている人間が消えてしまう状態を指しているのです。

現在生きている人間の状態を言いますと、蝋燭に火がついている状態になっているのです。命の灯火は蝋燭の火のようなものだと、譬えて言いますと一番分かりやすいのです。

皆様の命はいつ消えるか分からないのです。一陣の風によって、蝋燭の火が消えてしまうかもしれない。この状態が皆様の命のあり方です。

涅槃というのは、冷えて、消えて、なくなってしまうことです。これがニルバーナーです。これが涅槃になるのです。

般若心経は涅槃を究竟する、突き止める、または見極めることを目的にしているのです。だから、現世の人間にご利益を与えるという仏教の考えを、根本から否定しているのです。

色即是空というのは、目に見えているものは空であるということです。目に見えているものは確かにあるように見えますが、空である、本当は存在していないのです。これが般若心経の中心になっているのです。

五蘊というのは人間の常識、知識、学問を指しているのです。そういうものをひっくるめて、空だと言っているのです。間違っていると言っているのです。

そうすると、般若心経を宗教として用いることが間違っているのです。宗教はこの世の人間に幸せを与えること、ご利益を与えることを目的にしているのです。ご利益と一口に言いましても、有形、無形の色々なものがあるのですが、これを与えるのがこの世の宗教です。

ところが、般若心経はこの世の人間が消えてしまうことを理想としているのです。これが究竟涅槃です。

この世に生きている人間が消えてしまいますとどうなるのか。この世に生きている人間は死ぬに決まっている人間です。死ぬに決まっている人間が消えてしまいますと、死なない人間だけが残るのです。これが般若心経の本当のご利益です。これが分からないのです。

宗教は般若心経を用いていますけれど、般若心経の本当の意味が全く理解されていないのです。

般若心経は釈尊の悟りを最も簡潔、闡明に要約したものです。釈尊は現世の宗教を否定した人です。五蘊皆空と言い、色即是空と言いました。宗教は五蘊の中に入るのです。学問も常識も五蘊に入るのです。そういうものが空だと言っているのです。

生きている人間の状態が空だと言っているのです。今生きている人間は、死んでしまうに決まっているのです。これが消えてしまいますと、死なない人間が分かるのです。死なない自分の本当の姿が分かるのです。釈尊はこれを掴まえたのです。

釈尊が本当の悟りを開いた状態は、宗教的なものではなかったのです。ですから、般若心経は宗教的なものではないのです。この世に生きている人間が幸せになるためのものではなくて逆にこの世に生きている人間が消えてしまうことを言っているのです。

この世に生きている人間が消えてしまうことによって、死なない自分がはっきり自分に会得できることを言っているのです。宗教での言い分と、般若心経の言い分とは、天と地の相違になってくるのです。

だから、般若心経を宗教のテキストとして学んでいますと、般若心経の真意が全く分かりません。いくら読んでも分からないのです。

不生不滅、不垢不浄というのは、生きていないから死ぬこともない、不増不減、増えもせず減りもしない。不垢不浄、汚ないこともないし、きれいということもないとあるのです。何を書いているのかと言いたくなるような文句が並んでいるのです。

皆様の中には般若心経を写経された方があるでしょう。般若心経を写してみても、何のことかさっぱり分からないということになるのです。

般若心経が取り上げている人間と、世間の宗教が取り上げている人間とは全く違うのです。般若心経が取り上げているような本当の涅槃という人格が、実は皆様の潜在意識の中にあるのです。

日頃皆様が常識的に生活している場合には、潜在意識としての人格ではなくて、表面上の人格によって生きているのです。表面上の自分という人格と、本当の腹の底で考えている自分と、二人の人格があるのです。

このことをよく考えて頂ければ、宗教ではないと私が言っている意味が分かって頂けるはずです。宗教というのは、世間並に生きている上っ面の人間にご利益があるような考え方をしているのです。

ところが、皆様の本心は、世間並の人間が幸せになったところで満足しないのです。死ぬに決まっているのですから満足できないのです。世間並の人間は必ず死にます。こんな者が幸いになってみたところで、しょうがないのです。

宗教ではその宗教を信じたら、死んでから天国へ行く、極楽へ行くと言います。その宗教は非常に無責任です。死んでからということは、この世を去ってからという意味です。この世には寺も教会もありますが、死んでからは寺も教会もないのです。

死んだら本人はもういないのですから、天国も地獄も行くことがないのです。これは生命保険と同じです。ある家庭の主人が生命保険に入ります。死んだら五千万円のお金がもらえる保険に入るとします。その人が死んだら、五千万円の死亡保険金が出ますが、そのお金を本人が受け取ることはできません。本人は死んでいないのですから、奥さんか子供さんが受け取ることになるのです。

死亡保険金は本人は絶対に受け取れません。本人は死んでもういないのですから。同じように死んだら天国へ行ける、極楽へ行けると言われても、本人は死んでもういないのですから、行けるはずがないのです。

一切の宗教観念は、死んでからは通用しないのです。通用する訳がないのです。そこで生きているうちに、究竟涅槃を実行することを釈尊が勧めているのです。消えてしまうということは、肉体的に死んでしまうことではありません。人間の思いが消えてしまうのです。

皆様は自分が生きている、自分が生きていると考えています。これが間違っているのです。自分が生きているという事実はないのです。皆様は自分で生まれたいと考えたことはないでしょう。知らない間に生きてきたのです。気がついたらある家庭の中にいた。そういう人間なのです。

自分で生まれたいと思わないのに、生まれるべく余儀なくされたのです。自分の意志で生まれてきたのではないのです。ところが、現在の皆様は自分の気持ちで生きているのです。

自分の意志で生まれたのではないのなら、自分の意志で生きていることが間違っているのです。自分をこの世へ送り出してくれたものが何なのか。これを勉強することが本当の命を見つけるための一番早い方法です。

このために般若心経は第一に役に立つのです。この世に生きていることが空だと言っているのです。これを皆様が承知しますと、今まで皆様が何十年間、この世に生きていたことが空だということが分かるのです。

悟るというのはこれしかないのです。皆るとは何を悟るのか。人間が空であることを悟る以外に悟るべきものは何もありません。釈尊はそれを悟ったのです。

皆様は本心では死にたくないと考えています。自分が生まれたいと思って生まれたのではないこともよくご承知です。ところが、非常に英邁な上智が皆様の中にあるのです。生まれながらの皆様には、普通の常識ではない、上等の知恵があるのです。

ところが、皆様は常識でなければ生きていけないと考えているから、潜在意識としての先天的な上智を忘れてしまっているのです。

常識でなければ生活できないように考えさせられてしまっているのです。これが錯覚です。

文明社会に生きていますと、人間は錯覚の虜になってしまうのです。世間並の考えが当たり前のように考え込まされてしまうからです。

皆様がそう考えたいと思っているのではありませんけれど、世間の習わしによって、皆様の頭の働き具合は、世間並の状態に押し曲げられてしまっているのです。洗脳されているのです。文明の世界観によって、皆様の頭は強引に曲げられているのです。

学問とか伝統、宗教によって、皆様の考えが世間並に曲げられてしまっているのです。学問はこの世に生きている人間の常識の一部であって、本当の知恵ではないのです。

科学は一つのアイデアです。人間が生活するためのアイデアであって、本当の知恵ではないのです。皆様が求めるべき本当の知恵は、命の知恵です。上智です。般若波羅蜜多であるはずです。

例えば、雲の流れを見て、明日は雨が降るかもしれないと思われます。または天気になるということは、大体分かるのです。天候、気候を見分けることができるということは、すばらしい英知です。これが上智です。

般若波羅蜜多の上習は難しいものではないのです。天候、気候を見分けること、人の顔を見て、あの人は体の状態が良くないらしいと思うのです。その人の気持ちが大体推測できるのです。これが上智です。

この世の中はどうも間違っている。こういう見方ができる人は永遠の命を摑まえることができるのです。天候や気候は誰でも分かるはずです。測候所の役人でなくても分かるのです。

そのように、人間は自然現象を見分ける能力があるのです。

自然現象を見分けることは、神を認識する能力があるということです。神の実物、命の実物を見つけることができるのです。

死なない命とは神のことです。皆様の心臓が動いていることが死なない命です。上智で見れば、生理機能、心理機能、五官は死なない命の現われです。これが分かれば、皆様は死ななければならないというばかばかしい考え方から逃れることができるのです。

そのためにどうしても必要なものは、宗教ではない般若心経と宗教ではない聖書です。般若心経は現世に生きている人間は虚しい、知識、常識で生きている人間は空であると言っているのです。

現世に生きている人間は死ぬに決まっているのです。死ぬに決まっている人間は虚しいのです。般若心経で言わなくても、現世に生きている人間は、やがて消えてしまわなければならないに決まっているのです。

肉体的に生きている人間が虚しいものだということが分かりさえすれば、色即是空は体得できるのです。そうしたら、皆様の思いが変わるのです。今までの人生の見方ではないもう一つの見方が分かってくるのです。

皆様は死にたくないと考えています。これが皆様の本音です。社会的に生きている自分の気持ちを捨てて、釈尊と同じ見方で見ることができる人間になるのです。

命というのは皆様の思いです。皆様の思いが皆様の命になって現われているのです。世間並の思いを持っている人は、必ず世間並の命になって死んでしまうことになるのです。

釈尊やイエスの思いに同調できますと、死ななくなるのです。般若心経や聖書を宗教として学んでいますと、その値打ちが全く分からなくなるのです。

5. 諸行無常

諸行無常というのは、日本人の独特の世界観です。かつて、インドやミャンマーにも諸行無常という考え方があったに違いないのですが、現在ではそういう思想はなくなっているのです。日本文化の中には諸行無常という概念が非常にはっきり取り上げられているのです。

有名な平家物語は次のような文句で始まっているのです。

「祇園精舎の鐘の声　諸行無常の響きあり
沙羅双樹の花の色　盛者必衰の理をあらわす
おごれる人も久しからず　ただ春の世の夢のごとし
たけき者も遂には滅びぬ　偏に風の前の塵に同じ」

諸行無常が平家物語全体のバックボーンです。諸行無常という思想がなかったら、平家物語が成立しなかったかもしれないのです。日本文化にはそれほど諸行無常という概念が強くあるのです。

徳川家康が、「厭離穢土欣求浄土」という軍旗を掲げて戦争をしていたのです。現世は嫌だから浄土へ行きたいという旗を掲げて戦っている人が、世界にいるでしょうか。日本はそういう国です。

ですから、聖書の本当の見方が、初めて日本から発生することになったのです。現在の世界文明を指導する根本精神は聖書しかないのです。どんな哲学や宗教でもだめです。そういうものでは世界を指導することができないのです。

西欧人は聖書はこう言っているというと、耳を傾けるのです。多少でも聞く人がいるのです。イエス・キリストがこう言っているというと、外国人は聞かざるを得ないのです。

　ところが、日本人は聖書に一番縁が遠いのです。この日本から聖書の本当の読み方が出現しているのです。これは驚くべきことです。

世界歴史が日本から新しくなるのです。聖書の見方を一新することが、世界文明の根本的な指導原理になるのです。

以前に、イギリスに世界の著名人が集まりました。いろいろと話し合った結果、何をどうしたらいいのか分からないというのです。学問ではだめです。理屈でもだめです。結局、ナザレのイエスをもう一度見直すしかない、これをしなければ世界の文明は必ず壊れるということになったのです。

日本ではこういう結論に到達する人はいないでしょう。それほど日本人は世界の文明に対する見識が低いのです。日本人はユダヤ主義に押さえ込まれているからです。現実主義です。現世主義であって、即物主義的です。

今の人間は目で見ているものがあると思い込んでいるのです。これが唯物史観の根底の概念です。皆様の中にもマルクスの思想の根底の概念があるのです。これが間違っているのです。目で見ているとおりのものがあると思うことが、ユダヤ主義の土台です。ユダヤ人であってもなくても、そういう考えを持っていることがユダヤ主義者です。皆様は知らず知らずにそうなっているのです。それが間違っているということが何となく分かる人でも、どのように変えたらいいのか分からないので、やはり世間並の考えになるのです。

即物主義、唯物主義は真っ赤な嘘です。物に即して考えるのです。即というのはくっついているという意味です。物にくっついて考えるのです。即物的意識が皆様にあるために、命と言っても肉体を考えてしまうのです。

命と言ったら、すぐに肉体が頭に浮かぶのです。自分と言ったら、自分の顔が心に浮かぶのです。これが皆様の記憶を地獄の記憶にしてしまうことになるのです。

皆様の潜在意識、深層意識は皆様の本心、霊魂の本心です。自分の本心の本願とは一体何か。これは即物意識ではないのです。本心の本願というのは、唯物意識ではないのです。目が見えるというのはどういうことなのか。心臓が動いているというのはどういうことなのか。この扉を開くものが皆様の本心の特徴です。

大乗仏教には魂という言葉がないのです。一万七千六百巻という膨大な大乗仏教の仏典の中に、魂という文字が一字もないのです。

そうすると、極楽浄土へは誰が行くのかということになるのです。肉体を持った自分が行くとは言えないのですから、死んだら誰が行くのか。死んだら自分は消えてしまいますから、誰が浄土へ行くのか。仏典ではこの説明ができないのです。

大乗仏教の仏典は概念ばかりを羅列しているのです。数字ばかりを並べているのです。これはすべてが人間の概念です。

仏教の本質は悟りです。悟りとは何かと言いますと、仏です。仏とは、ほとくことです。仏教に悟りはありますが、救いはないのです。だから、魂という言葉がいらないのです。

他力本願でさえも悟りです。自分がナムアミダブツを悟るのです。阿弥陀如来であることを悟るのです。阿弥陀如来の南無ということは、阿弥陀如来の本質を悟ることです。これが帰命です。

阿弥陀如来の本質を悟ることを南無というのです。これが帰命です。仏教に悟りはありますが、本当の意味での信仰はありません。仏教に信心はあります。信心とは自分は悟ったと思っていることです。勝手にそう思っているのです。自分は仏さんを信じていると勝手にそう思っているのです。

そこには客観的な証拠はありません。聖書の信仰は皆様の目が見えることが神だと言っているのです。これを霊というのです。味わい分けることができることが霊です。

私たちは見ています。見るという機能が目です。目の働きが霊です。「神は霊である」という言葉がありますから（ヨハネによる福音書４・24）、見るということは神を経験しているのです。皆様は神を毎日経験しているのです。神を経験することを生活というのです。見ているということは、神を経験していることです。食べていることは、神を経験していることです。神を経験していることを生きているというのです。これがリビング（living）です。

素直になって頂きたいのです。素直になって奥さんの勉強をして頂きたいのです。男の人は女の人を勉強して頂きたいのです。

女性とは一体何なのか。女の格好は何を意味しているのか。男はなぜ女が好きなのか。即物主義の人間はすぐにセックスと考えるのですが、これが間違っているのです。肉体の女だけを見ているのです。

そうではないのです。女の肉体が持っているムードが色気の本体です。女の肉体が持っているムードとは何なのか。立ったり、座ったり、お茶を出したり、食事を作ったりしてくれる。これが色気です。これは一体何なのかということです。

奥さんがご主人を信じている。この感覚が主人に分かれば、「天にましますわれらの父よ」ということが分かってくるのです。

奥さんから見たご主人が神です。ご主人から見た神が命です。

女の色気というのは最も偉大な学です。最も次元が高い学問です。これを勉強するのです。

人間は最も次元が高いものを、最も低い性欲にしてしまったのです。これが白人社会の考えです。これが現代文明の基礎になっているのです。

一番崇高なものを一番下品なものにしてしまったのです。これが西洋文明の悪魔主義です。女の値打ちは女の姿、形にあるのです。女が持っている魅力です。きれいと言っても、花のきれいさと、女のきれいさとでは違うのです。

色気が本当に分からないと男になれないのです。色気が本当に分かると、初めて男の魂の目が開かれるのです。

6. 因縁所生

仏教では因縁所生と言います。因縁でもいいのですが、因縁は何処から来たのかということです。これさえ分かればいいのです。

自分の気持ちを皆様は信じているのです。自分の気持ちをなぜ信じるのでしょうか。自分の気持ちというのは、自分が自分を騙している気持ちのことです。正直な人は他人を騙しませんが、自分を騙しているのです。自分に騙されるのです。自分に騙されているということが分からない位に騙されているのです。自分を信用しすぎているのです。

なぜ自分を信用するのでしょうか。死ぬに決まっている自分をなぜ信用するのでしょうか。自分は死ぬに決まっていますから、これを信用したら死ぬに決まっているのです。

人間がしているどんな仕事でも、天地の神の計画に適っているのです。神の計画に適っていなかったら、人間は一日も、一時間も生きていられないのです。この世に生きているのは、それぞれの仕事を通して、神の計画の中にあるからです。

自分が生きているということはありません。法蔵比丘というお坊さんがいました。この人が悟りを開いて菩薩になったのです。悟りを開こうとした者、悟りを開くまでの者を法蔵比丘というのですが、この間の事情を正信偈に次のように書いています。

帰命無量寿如来　南無不可思議光
法蔵菩薩因位時　在世自在王仏所

法蔵菩薩が悟りを開いた時の位による時に、この世に生きていることが自由自在になれるというのです。生きていながら主になれるのです。主となるとは王となるということです。こうなったらいいのです。自分が生きていることは、無量寿、無量光だけが生きていることであって、自分という人間が生きているのではないということが分かったのです。そこで、阿弥陀如来になったのです。

このような気持ちになれば、現世自在王仏所になるのです。この世に生きていることの王になるのです。王になるというのは、死ぬことがなくなるということです。

何でも自由に生きていることが王です。死にたくないと思えば死ななくても良いのです。苦しいとか悲しいということが厭だと思ったら、その考えから抜けられるのです。自分の思いから自由に出られるのです。自由自在になるのです。これが在世自在王仏所です。

これは誰にでも実行できるのです。正信偈を実行したらいいのです。ところが、正信偈だけではだめです。現世に生きている間だけなら何とかなるのですが、死んでからのことはだめです。

この世を去って、死ぬということが負けです。この世にいる間に、死なない命の実物を掴まえてしまうのです。イエスの復活の中へ自分の命を入れてしまうのです。これが死なない命を得ることです。

イエスの中へ入ろうと思ったら入れるのです。自由に入ったらいいのです。信じにくいとか信じられないとかというのは、自分の思いに自分が従わなければならないと思っているからです。

自分の肉体があること、地球があることの根本原理が分からないと、自分が他人に入れ替わってしまうことができないのです。

自分は主観的に生きている人間です。これは死んでいく人間です。他人は客観的に生かされている人です。これは死なない人です。主観的に生きている自分をやめて、客観的に生かされている人になったらいいのです。そうしたら、死なないのです。

なぜ地球があるのか。なぜ人間がいるのか。人間がいるということは、必然的な理由によってあるのです。地球がなければならない理由があって地球があるのです。

この世界には偶然は一つもありません。皆必然です。この理由の根本を勉強するには、天地の創造と人間創造の二つを徹底的に勉強する必要があるのです。徹底的にと言っても、自分ができる範囲内でやるのです。時間がどんどん流れています。現在が過去になり、また現在が過去になっていく。時間とは一体何か。なぜ時間が過ぎていくのか。こういうことを日本人は考えようとしないのです。これは困ったことです。

女の人は聞けば分かるのです。男性は聞いてもなかなか分からないのです。神から見たら人間は全部女です。男の人は女にならなければいけないのです。

男の人は女の勉強をすることが絶対に必要です。

霊魂が肉体として生きている。これがイエスです。イエスが死を破って復活しているのです。永遠に復活しているのです。

人はイエスの妻になるのです。イエス・キリストの妻になるのが、一番上等な人間です。キリストの妻になることが霊魂の運命です。

女になりきれない男はだめです。神は今の男を認めていないのです。今の女の素直さを認めているのです。男は社会的には役に立つのです。しかし、霊的には役に立たないのです。

皆様はせっかくこの世に生まれたのですから、神から貸し与えられている神の命の値打ちを知って頂きたいのです。これは百四十億の脳細胞の値打ちです。百四十億の脳細胞の値打ちが分かりますと、初めてこの宇宙はどういうものかが分かってくるのです。

イエスはどうして復活したのか。イエスはどのように生活していたのかということが、分かるだけの能力を皆様は十分に与えられているのです。

今までの常識、今までの生活上の心遣いばかりに捉われていたために、霊魂に対して働く能力性がほとんどなくなっているのです。

まずこのことを認めればいいのです。生活のことしか考えなかった。世間のことしか考えなかった。この世のことしか考えなかった。これが悪かったということを、はっきり認めることです。

これだけでも、神の御霊の働きはかなり違ってきます。永遠の命のことを考えるべきです。そして、自分の考え方が間違っていたということを考えるべきです。

考え方のスケールが小さかったのです。人間はこの世に生きるために、この世に生まれてきたのではないのです。永遠に生きるためにこの世で神を勉強するために生まれてきたのです。神が万物になって現われていますから、この世で神を勉強するのです。この世で神を勉強しなければ、勉強する所がないのです。

神を勉強するために、霊魂がこの世に出てきたのです。こういうことを日本人は全然知らないのです。全然知らないから、ただこの世に生きていたらいいと思っているのです。

死んでいくのは世間並だから仕方がないと思っているのです。

一度この世に出てきた命は、どうしても自分の責任として、完成しなければならない義務があるのです。私たちはこの世で食べたいと思うものを食べてきました。飲みたいものを飲んできました。着たいと思う服を着て、住みたい家に住んでました。これは神が肉体を持った生活のありかたです。

神が肉体をとったとしても、皆様が同じ生活しかできないのです。皆様は神と同じ生活をしてきたのです。これをしてきた皆様は、万物を治めなければならない責任があるのです。これは知らぬ存ぜぬでは通らないのです。

皆様は今まで人間としてこの世に生きていたのですから、それに対する責任をどうしても果たさなければいけないのです。

伊東深水の絵を見ましたが、素晴らしい女性を描いているのです。深水は女の色気だけを描いているのです。女であることを描いているのです。今の肉体を持っている女ではないのです。女の肉体を通して、女の霊だけを描いているのです。肉体の女から、女の色気を抜いているのです。これを描いているのです。

奈良大和路の写真集がありますが、そこに大和の風物と、人間の文化とがマッチした光景が撮られているのです。そこには、神の美しさ、命の美しさがそのまま現われているのです。命を拡大するような形で景色が現われているのです。

命というのは、日本語では生になります。命を命として強調すると、艶かすになるのです。これはあることを強調しているのです。女であることを強調するとおめかしになるのです。神は神自身で、大自然が神であることを命めかしているのです。これが大和路の景色になっているのです。これが艶かしいのです。

奈良の朝ぼらけの霧がたなびいている光景に、神の艶かしさが出ているのです。そこに、塔がたっているのです。人間の文化を塔という形で現わしているのです。これは人間が人間を艶ししている姿です。

人間のめかしと、神のめかしが共存している光景が大和路に出ているのです。大自然はそういう色っぽいものです。こういう色気が出ているのが本当の女です。

女が持っている色気が女の本体です。肉体が本体ではないのです。肉体的に生きている女の色気が女の本体です。

男は女の何処に惚れるのかと言いますと、色気に魅かれるのです。ところが、色気が知らない間に欲気になってしまうのです。だから、女の肉体を欲望の対象と考えるのです。そうではない、女であることが本当の女です。伊東深水はそれを描いているのです。

肉体の女ではなくて、肉体の女が持っている色気です。これを聖書的に言いますと、女の霊になるのです。色気は霊です。肉ではないのです。女の色気に魅力があるのです。

女であるそのことが、女の魅力です。伊東深水はこれを描いているのです。

上村松園も女の色気を描いているのですが、伊東深水とは取り上げ方が違っているのです。上村松園は女の立場から女を描いていますが、伊東深水は男の立場から女を描いているのです。女の色気を掴まえて、それを引き出しているのです。

男が見ている女の色気が正確です。男が思春期に感じる色気は、欲望的なものではなくて、本質的なものです。女であることに魅かれるのです。これは欲望ではありません。本当の恋愛です。神は男に思春期を必ず経験させるのです。これはどういうことかと言いますと、男に女であることを勉強させたいのです。

肉体を持っているのが人間だという思想を広めたのはユダヤ人です。これはユダヤ思想です。

肉体を持っているのが人間ではない。

生きていることが人間です。肉体を持っていても生きていなければ何もならないのです。ただの死骸です。生きていることが人間です。これをリビングソール（living soul）と言います。リビングが人間であって、これがマン（man）になっているのです。

皆様は思春期に欲望の対象ではない女を感じたでしょう。女であることが女の霊です。これに魅かれるのです。

7. 向こう岸へ渡る

般若心経はこういう事をした人間の経験をそのまま述べているのです。般若波羅蜜多ということは、向こう岸へ渡ってしまうことです。また、渡ってしまったことです。

人間が生きているのはこちらの岸、此岸です。向こう岸は彼岸です。向こう岸へ渡ってしまうと、生きている世界が全く違ってしまいます。これが般若波羅蜜多ということです。

般若心経を読むのでしたら、これくらいのことは考えて下さい。般若心経はこの世から出ることができること、この世の外側からもう一度この世を見直すことができるという雄大な思想を述べているのです。

イエスは「私は人間ではない、生きている神の子だ」と言ったのです。これはとんでもないことを言っているようですが、皆様の心臓が動いていることが神です。目が見えること、手足が自由に動くことが神です。実は皆様方自身も人間ではなくて、生きている神の子です。これは間違いないのです。

イエスは自分自身の存在を生きている神の子として位置づけたのです。これだけのことです。そこでイエスは死ななくなったのです。

皆様が生きていることが神ですから、皆様が生きているという客観的事実の中へ、皆様の気持ちを持ち込んでしまえば皆様は死なない自分が分かるのです。

永遠の命を見つけるための新しい世界観の創建はできるのです。誰でもできるのです。現在の文明は完全に行き詰まっています。文明先進国と言われる国は、皆老化現象を起しているのです。青少年の数が減少して、老人が増加しているのです。

老人が長生きするのは、世間に何か価値がある生き方をするためです。何もしていない老人がただ馬齢を重ねるだけなら、何もならないのです。

生きている年数が三十年、四十年であっても、永遠の生命を見つけるための世界観を確立したら、皆様は死なない命がはっきり分かるのです。分かるに決まっているのです。

もう一度言いますと、皆様の心臓が動いているということが神です。これが本当の神です。神は死なないに決まっています。日本の八百万の神々は、人間が造った神です。こんなものは神という価値はありません。

本当の神は人間が造ったものではなくて、人間を造ったものです。人間を造った神を皆様は毎日経験しているのです。

神を信じなくても、神を経験しているのです。現在心臓が動いているのですから、これは神を経験している事です。これが分かれば、死なない命を見つけることは何でもないのです。

これを新約聖書は、「悔い改めて福音を信ぜよ」と言っているのです(マルコによる福音書1・15)。悔い改めるとはこういうことです。キリスト教ではこういう徹底したことは言いません。

日本のキリスト教は西欧のキリスト教の宗教教義を、受け売りしているだけです。本当の聖書を説いていません。だから、キリスト教は西洋の宗教です。これは断言できるのです。

これに対して新しい聖書の見方を、日本から発進しなければならないのです。

日本が新約聖書を公に認めたのは、文明国の中で一番最後でした。日本は一番遅くまで聖書を公認しなかったのです。徳川幕府は三百年の間、キリシタンを厳しく弾圧してきたのです。その結果、今でもほとんどの日本人は、聖書に対して根本的なアレルギーを持っているのです。キリストという言葉を聞いただけで拒否反応を起こすのです。

ところが、このことが非常におもしろい現象を生じさせているのです。本当の聖書の見方、宗教ではない本当の聖書の見方を日本から出発させているのです。

日本人はキリスト教に対して厳しい弾圧をしていたのです。聖書を厳しく警戒していたから、新しい聖書の見方が日本から現われたのです。

日本はおもしろい国です。非常に興味がある国です。ユダヤ人と日本は興味津々たる国民です。イエスは死を破ったのです。この人をよくよく勉強したら、皆様は死ななくなるのです。私はこれが分かりましたので、黙っているわけにはいかないのです。黙っていたら、日本人は全部死ぬに決まっているのです。これを黙視することができないので、皆様にお話ししているのです。

こういうことを言い出したのは私たちが日本で初めてです。世界でも初めてでしょう。般若心経と聖書を二つ並べて話をすることが、宗教ではない証拠になるのです。

ある評論家が新聞のコラムに、現代の文明は病理社会であると書いていました。そのとおりです。日本は今病理社会です。病気になっている状態です。これは文明が本当のものではないことを示しているのです。人間の命が正当に認識されていないのです。これが病理現象が生じる原因になっているのです。

皆様は病理状態で生きているのです。そこで、五蘊皆空が頂門の一針になるのです。人間の思いは皆間違っているのです。人間の常識、知識は間違っているのです。

現在の人間の学問には、明確な目的がありません。人間の生活には役に立ちますけれど、その人間はやがて死ぬに決まっている人間です。

皆様が般若心経の真価を捉えないままで生きているのは自由です。しかし、生きていた所でしょうがないのです。皆様がこれから何十年の生活を続けていても、ただ死ぬだけのことです。生きていてもしょうがないのです。

死ぬに決まっている自分のことを、なぜ自分と思い込むのでしょうか。人間は現世に生活するために生まれてきたのではありません。生きるということはこの世に生きるためではありません。生きるということは命を経験することに大関係がありますけれど、この世で生活することが目的ではないのです。

釈尊はこの世で生活するために来たのではありません。イエスもそのとおりです。現在の私もそうしているのです。ですから、この世に生きていても仕方がないのです。この世に生きていても、ただ死ぬだけです。

人間は命についての考えが全く間違っているのです。これが現代病理の根本原因です。般若波羅蜜多をよくお考え頂きたいのです。彼岸に渡る知恵が必要です。

キリスト教は西欧人が白人的な思想によって聖書を解釈しているのです。これがキリスト教の神学になっているのです。キリスト教はその神学を宣伝しているのです。

カトリックという旧教とプロテスタントという新教とでは、相当な違いがあります。また牧師によってそれぞれ違った感覚がありまして、一口には言えない所があるのです。

キリスト教では、過去、現在、未来という見方をしないのです。仏教のような三世という考えは、キリスト教にはありません、ただ死後というのはあります。

聖書から言いますと、死後という特別なものがあるのではないのです。現世も特別にあるのではありません。

人生には生まれる前という時代と、現在生きている時代、死んだ後の時代はありますが、これは一つのものが続いているのです。現世と来世とが別のものではないのです。聖書はそういう言い方をしていますし、また実際に現世に生きていた人が死にますと、心霊的な状態になります。

8. 彼岸とはどういうところか

彼岸とはどういうところか。この世ではない向こう岸です。人間が集まっている場所ではないのです。人間が生きていないところです。これが向こう岸です。

人間が生きている状態で、向こう岸へ渡ってしまうのです。今日、彼岸へ渡っても、今日という日と明日という日とは時が違いますから、今日彼岸へ渡ったら、明日もう一度渡る必要があるのです。明後日、また渡る必要があるのです。この世に生きている間、毎日彼岸へ渡り続けなければいけないのです。

命は毎日新しいのです。毎日、新しい命を経験しているのですから、毎日、新しい彼岸を経験するのでなかったらいけないのです。これを実行している人は、日本にはいませんし、世界にもいないのです。しかし、これはしなければならないことです。

世界中で誰もする人がいなくても、私たちはそれをしなければならないのです。なぜかと言いますと、皆様がこの世に生まれたのは、彼岸を見つけて彼岸に入るためです。

彼岸を見つけない状態、彼岸に入らない状態で、人間として生きていても、何にもならないのです。

皆様は四十年、五十年の間、この世に生きていたのですが、皆様の本質には何のメリットもなかったのです。ただ生きていただけです。ただこの世の常識を学んだだけです。何のプラスにもならなかったのです。

今まで生きていた自分は人間として生きていたのです。人間として生きていたのは、魂の上に乗っていただけです。魂の上に乗って踏ん反り返っているのが人間です。これが後天性の人間です。

後天性の人間というのは、常識と知識で生きているのです。常識、知識は人間の思いです。思いというのは迷いのことです。

皆様は生きていると思っているでしょう。現世に生まれてきて生きていると思っているのは、ただ思っているだけです。従って、現世で生きていると思っていても、人間の思いは根本的に迷いそのものです。

魂は思いではありません。魂が生きているというのは、生きているという事がらです。これが霊です。これは、誰かに習わなくても、生まれた時から生きているのです。

生まれてしばらくすると、物心がつきます。物心とは何かというと、偽りの人格です。物心がつくと、人間はばかになるのです。迷い出すのです。迷い出した結果、矛盾の世界に生きるのです。こういうことをご理解頂きたいのです。

この状態で生きていながら、いくら般若心経を読んでも分かるはずがないのです。

この状態では、神を信じることは絶対にできません。キリスト教の神なら信じられますが、こんなものはキリスト教が造った神です。

キリスト教の宗教教義が神を造っているのです。今の人間が信じられるように造っているのです。「天にましますわれらの父よ」とキリスト教の人々は祈っていますけれど、天とは何かが分からないのです。ましますとはどういう状態なのか。我らの父とは何か。この一つひとつが、分かっていないのに、天にましますわれらの父よと祈っているのです。これは聖書をばかにしているのです。

キリスト教も仏教も、現世の人間に分かるように、嘘ばかりを信じさせているのです。これが宗教教義というものです。これを解脱して、魂の方へ移行するのです。これはなかなかできないことですが、これが分かりますと、般若波羅蜜多の意味が分かってくるのです。

人間は現世に生きていても何にもならないのです。九十年生きようが、百年生きようが、何にもならないのです。何にもならないどころか、罪を造っているだけです。業《ごう》を積んでいるのです。嘘を言ったり、誤魔化したり、焼きもちを妬いたりしているのです。人を憎んだり、恨んだりしない日があるのでしょうか。

この世ではこういうことをしなければ生きていけないのです。こういう世の中です。世の中の大人が悪いのです。

デカルトは精神と物質は別だと言っていますが、こういう考えが全く間違っているのです。霊が分かれば、精神と物質が一つであることが簡単に分かるのです。

皆様がこの世に生まれてきたのは、この世に生きるためではありません。皆様がこの世に生まれてきたのは、人間と魂とを見分けるためです。命とは何かということを知るために、生まれてきたのです。

このことを日本的に言いますと、観世音というのです。世音というのは、この世の有様です。この世の有様を見ることによって、この世がいんちきなものであることがはっきり分かった人は、いんちきではない状態に移ったらいいのです。

皆様はこの世に生まれた時には、霊魂そのものだったのです。ところが、物心がついて、人間になってしまったのです。これが間違っているのです。

大人のゆがんだ気持ちを放下することはできるのです。これを脱ぎ捨てることはできるのです。そうすると、皆様は元の魂に帰ることができるのです。

皆様の五官の本質はそのまま魂の本性です。これを情緒というのです。本当の情緒に対して、目を開くことができますと、初めて魂ということが分かってくるのです。そうすると、現世にびくびくして生きている必要がなくなるのです。

今の人間は戦々恐々として生きているのです。ガン、心臓病、脳梗塞にならないか。いつか地震が起きるのではないか。会社が倒産しないか、不景気にならないか、老後の年金や介護はどうなるのか、いつ死ぬかもしれないなど、びくびくして生きているのです。安心して生きていられないのです。

魂がはっきり分かれば、坦々として知るべきことを知り、言うべきことが言える人間になるのです。そういう人間になれるのです。これが観自在です。

観自在すること、観世音することが、人生の目的です。これをするために、私たちは生まれてきたのです。般若波羅蜜多をするために生まれてきたのです。

般若波羅蜜多が人生の目的です。私たちはこの世に生きるために生まれてきたのではありません。皆様はこの世に生きることに対して、熱心でありすぎたのです。だから、この世に生きることが自分の目的のように考えているのです。これは間違いです。

命さえ分かれば、この世で生きていけるに決まっているのです。本当のことが分かれば、生きていけるに決まっているのです。

本当のことが分かったら、あえて生きていかなくてもいいのです。

私たちは現世に生きるために生まれたのではないのです。般若波羅蜜多するために生まれたのです。命そのものを知るために生まれてきたのです。

一人の人間の中に、本質と異質、嘘と誠が同居しているのです。人間は二重人格になっているのです。

この世に生きている以上は、二重人格もやむを得ないかもしれません。私でも、子供さんを見たら「かわいいお子さんですね」と言いますが、嘘の場合があるのです。かわいくなくてもかわいいですねと言わなければならない場合があるのです。

この程度の嘘なら言ってもいいでしょう。これがお世辞というものです。こういうことはあまり几帳面に、神経質に考えることではありません。

この世に生きる、この世で生活するために生まれたのではないのに、生活をするために、何十年間かの人生を棒にふっていますと、その結果として、皆様の魂は非常に厳しい裁きを受けなければならないのです。これは当たり前のことです。魂としての本質を持っていながら、それを認めようとしなかった人間に責任があるのです。だから、裁かれることになるのです。

現在の地球ができたのは理由があるのです。これは、宗教ではない聖書という角度から見なければ分からないのです。

大宇宙の中心は命です。星が瞬いているのも、地球が自転公転しているのも、命の現われですが、命というのは機能的なものだけではなくて、人格的なものでもあるのです。これを聖書は神と言っているのです。

神というものの実体は、物が存在することの実体をいうのです。これを聖書は、ザ・ネーム・オブ・ゴッド（the name of God）と言っています。神の名というのは、物が存在することをいうのです。これが神の人格の本性です。

神の人格の本性には意志があるのです。宇宙の命には意志（will）があるのです。人間にも自由意志があるのです。人間の意志はそのまま神の意志に通じるようにできているのです。

皆様が人間であるという気持ちから解脱して、冷静に、平明に五官の本源で物事を捉えようと思えば、意志が純真な形で働き始めるのです。そうすると、神の意志と皆様の意志が相通じるようになるのです。

こういう角度から地球の文明を見ていきますと、今の文明が二十一世紀の中頃まで進行するとは思えないのです。もっと早く崩壊する恐れがあるのです。

今の文明はあまりにも歪みすぎています。あまりにも汚れすぎているのです。もう少し歪んでいきますと、文明それ自体が自壊することになるのです。自滅することになるのです。

9. 山頭火の生涯

自由律俳人に種田山頭火という人がいました。この人の生涯を考えてみますと、全く人間の業《ごう》をそのまま生きておられたようです。この人の記録や俳句から滲み出ている切実な感覚から、そのように言えるのです。ある意味では般若心経の実験台のような人間でした。

名誉を捨て、地位を捨て、家族を捨て、一生涯の人生の目的を全部捨ててしまって、ただ俳句の境涯だけを生きたのです。熊本市の曹洞宗報恩寺の僧侶でしたが、道元の思想と俳句だけに生きるという純粋な感覚は、驚くべき精進であったと思います。

自分の業と真正面から取り組んだ。それと、一生涯相撲を取っていたという人でした。山頭火の俳句の一つに、「どうしようもない私が歩いている」というのがありますが、これは何とも山頭火らしい俳句です。切実な感覚が滲み出ているのです。

名利を捨て、自分の欲望も家庭も捨て、世間的な常識や知識を捨てて生きていても、なお業から逃れられなかったという山頭火のさんたんたる生涯が現われているのです。

人間は色即是空という概念が分かっただけでは救われないということが、山頭火によって証明されたのです。

釈尊の時代には世の中が非常に素朴でしたから、五蘊皆空、色即是空という感覚だけでよかったかもしれませんけれど、現代の社会ではそれではだめです。山頭火は実際に五蘊皆空を生活したのですが、業から逃れることができなかったのです。

肉体的に生きている人間の根源が何であるか、自我の根本が何であるかが、山頭火には分からなかったのです。これを新約聖書で勉強していきますと、自我は本源的には存在しないものになるのです。これはイエス・キリストの十字架という原理を探求しますとよく分かるのですが、生きているままの自分が、また、目が黒いままの自分が死んでしまえるのです。

これは全く驚くべきことですが、十字架を信じるということによって、自分が完全になくなってしまうのです。

パウロは、「私はキリストと共に十字架につけられた。生きているのはもはや私ではない」と言っているのです（ガラテヤ人の手紙2・19、20）。私はもはや生きていないと言っているのです。

もし山頭火がこの心境に到達することができたのなら、山頭火は生きている人間の業から解放されたと思います。

色即是空、五蘊皆空の悟りだけではいけない。悟りだけでは救いがない。悟ることと同時に救われることが必要だということになるのです。

般若心経に悟りはあるが、救いはないのです。そこで、般若心経の悟りによって肉体的に存在する自分が空であることを悟ること、十字架によって自分の魂がはっきり救われていることを経験することです。この二つがなければ人間完成はできないのです。

山頭火の生涯、また、彼の心境については全く同感ですが、惜しいことに、山頭火はイエス・キリストの十字架に近づこうとしなかったことが、甚だ残念であったと言えるのです。

人間は自分で生まれたいと思って生まれたのではないという、この簡単なことを忘れているために、自我意識に振り回されているのです。欲望の問題も、山頭火が業を果たせなかったという問題も、自分がいる、自我意識といういわれがない概念によって、魂が振り回されているからです。

自我意識によって自分の霊魂が振り回されているということが、現実における人生の一番大きい矛盾の根源になっているのです。

10．人空とは何か

人空とは人間が存在することが空だというのです。これには我空と生空があるのです。自分がいないというのが我空です。また皆様が生きているということがないのです。これが生空です。これが釈尊の本当の悟りです。

人空が分かりますと、初めて神の約束の偉大さが分かるのです。

地球が自転公転している、太陽が輝いている、雨が降ることが宇宙の生命現象です。こういうことは神の約束を原理にして存在しているのです。地球を地球としている力、太陽を太陽としている力が本当の命です。この命を皆様が経験しているのですから、皆様が虚心坦懐になって考えれば、皆様自身が神の実物を摑まえることは必ずできるに違いないのです。私にできたことが皆様にもできるに決まっているのです。私みたいな者にできたのですから、皆様にも当然できるのです。難しく考えないで気楽に考えたらいいのです。

私は宗教教団に入りなさいと言っているのではありません。宗教団体から出ることをお勧めしているのです。そうして、命の勉強をして頂きたいと言っているのです。

円相が人生全体です。死んでからどこへ行くのか。死んだら前世に帰るのです。生まれる前の所に帰るのです。神から出て、神によりて成り立っていて、神に帰るのです（ローマ人への手紙11・36）。これが人間の一生です。哲学的にこのような論理を言っている人がいますけれど、論理ではなくて実体の説明が必要です。

人間の命の内容を考えて頂きたい。例えば皆様の理性がどのように働いているのか。ハートとマインドの関係です。これを勉強して頂きたいのです。

皆様が現在生きている命の実物をしっかり掴まえて頂きたいのです。皆様はそれをしっかり把握していないことを自覚して頂きたいのです。

皆様は自我意識によって生きている状態ですから、死んでいるのです。死んでいる状態ですから危ないのです。このことを率直に皆様にご忠告申し上げたいと思うのです。

般若心経に空という字がたくさんあります。旧約聖書伝道の書に、「空の空、空の空、一切は空である」という空があります（1・2）。般若心経と旧約聖書伝道の書の関係ですが、よく似た所と違った所とがあるのです。旧約聖書の空は、知的な角度から述べているのです。

旧約聖書の伝道の書とか、箴言はダビデ王の子のソロモンが書いたものと言われているのです。

ソロモンは非常に頭が良い人でした。普通の学問よりもはるかに高い感覚で、物理や哲学で物事を直感していたのです。持ち前のすばらしい英知に基づいて書いたようです。

ソロモンが述べている空というのは、虚しいものだという意味です。人間がしていることは虚しいものだということを基礎にして述べているのです。雨の下において人間のなす所はすべて風を掴まえようとして努力しているようなものだと言っているのです。

人間の努力はすべて虚しいものだと言っているのです。ところが、般若心経の空は、人間の五蘊が空だと言っているのです。人間の考え方が空だと言っているのです。

般若心経の終わりの方に究竟涅槃という言葉があります。究竟涅槃という言葉は、サンスクリットでニル・バー・ナーと言いまして、これを中国で涅槃と訳したのです。

ニル・バー・ナーというのは、冷えて消えてなくなることです。蝋燭の火がふっと消えてしまう状態が涅槃です。

人間の思想は元来、蝋燭の火のようなものであって、一陣の風が吹けば、すっと消えてしまうのです。現世の自分の命が消えた後に、本当の命が分かるという思想を指しているのです。

涅槃というのは指標でありまして、あちらの方だということを指差ししているのです。

究竟涅槃というのは人間が考えている人間や万物は存在していないということです。一切空であって、五蘊皆空であって、向こう岸（彼岸）に何かがあると言っているのです。

向こう岸（彼岸）に何があるのかと言いますと、法があるというのです。ところが、法の説明は仏教ではできないのです。宇宙がなぜ存在するのか。このことは仏教では説明できないのです。例えば、華厳経とか、維摩経では森羅万象の中にたくさんの仏があることを書いていま す。千々万々の仏があることを説いています。

千々万々の仏とは何かと言いますと、一輪の花の中にもたくさんの仏があるのです。花の形も一つの仏ですし、色も如来さんです。花の香りがあります。花の中に味とか栄養価があるのです。一輪の花の中にもたくさんの仏があるのです。これが法です。

これを知るためには、現在の人間の常識を空じてしまわなければいけないのです。常識は迷いです。迷いを捨ててしまわなければ、法が分からないのです。そこで、究竟涅槃と言っているのです。こういう意味での空があるのです。

ソロモンが言っている空は、人間の生活は虚しいものだということです。目的は般若心経と同じですけれど、ソロモンの方は虚しさを説いているのです。釈尊は空の実体はこれだと言っているのです。究竟涅槃を言いたいのです。この点が違っているのです。

宗派神道というのは、本来の日本の純粋の神道とは少し違うように理解しています。似たような所はあるでしょうけれど、教義が違っているのです。

太陽というのは聖書的に言いますと、一つの被造物になるのです。造られたものです。太陽は永遠不滅ではなくて、いつか消滅します。永遠無窮という訳にはいかないのです。

太陽は現在目で見えるものです。目で見えるものはいつかなくなるのが道理でありまして、実は本当の空と言いますのは、太陽よりも大きいのです。日本という国が存在する前から、日本の神道が存在する前から宇宙はあったのです。

どうして太陽が太陽であるのか。実は太陽を中心にして太陽系宇宙ができています。地球に万物が存在するのも、すべて太陽の恵みです。

地球の物理的な命は太陽が非常に大きいウエイトを占めているのです。ほとんど太陽のご利益みたいなものだと言えるでしょう。このことは聖書にも書いていまして、太陽は神の特別の被造物であって、地球を地球とするためには太陽が絶対に必要です。しかし、太陽は神ではないのです。

太陽は現世における命です。現世の生物を生物として生かしている力は現世的には太陽によるのです。

命と言いましても現世の命ではありますけれど、未生の命ではないのです。未生とは私たちがこの世に生まれる前の命です。これは太陽に関係がありません。来世にも関係がありません。太陽は現世に生きているという意味での大きい原則であると言えますけれど、未生、現世、来世全体から考えますと、また、宇宙の永遠から考えますと、太陽も一つの空であることになるのです。

日本には日本の宗教がありますから、信じるのは自由ですけれど、日本の国は地球あっての日本です。日本が地球よりも偉いのではありません。

かつて日本の軍閥が、日本の天皇は地球よりも偉いと言っていますが、こういう考え方はひいきの引き倒しでありまして、実は日本の天皇位というものはそんな簡単なものではないのです。日本の天皇位は旧約聖書に非常に関係が深いのです。

太陽のエネルギーとは何であるのか。何のために太陽のエネルギーが地球だけに有効に働いているのか、火星や金星にも太陽エネルギーが降り注いでいるけれども、生物は全く存在していません。なぜ地球だけに生物現象があるのか。

地球全体が一つの生物になっているのです。地球にだけなぜ生物現象があるのか。なぜ太陽が地球にだけ働いているのか。これが神の約束の原理です。宇宙が宇宙であることの根本、太陽が太陽であることの根源が神の約束です。

教えと真実とは違います。なぜ違うのかと言いますと、教えは一種の翻訳的なものでありまして、道標のようなものです。実体は実体です。実体と教えとは違うのです。

教外別伝、千聖不伝、声前の一句という言い方があります。曰く言い難しとも言います。禅的な角度からですと、曰く言い難しで通用するのです。

聖書の角度から言いますと、曰く言い難しでは通用しないのです。できる所まで説明できるのです。例えば、神の実体についても説明ができるのです。

キリスト教は神の説明を絶対に致しません。教義では神の実体に触れることはできないのです。教義はどこまでも教義です。実質そのものではありませんから、教えにはなりますけど、実体にはならないのです。

神の実体ですが、キリスト教で神とは何かと聞きますと、神は信じるもので、理屈で割り切るものではないと言います。キリスト教の教義には神の実体の説明が全くありません。神は存在するということを初めから押しつけるような態度を取っているのです。

これはキリスト教としてはやむを得ないのです。仏教にしても、法（ダルマ）は何かと聞きますと、法は法だと言うのです。それ以上答えないのです。法は法で絶対なのです。キリスト教にとって神は絶対です。絶対に対してかれこれ説明しなさいという言い方がけしからんのです。叱られることになるのです。

ところが、聖書には説明しているのです。教えは何のためにあるのかと言いますと、道標のためにあるのです。例えば野球で言いますと、トレーニング、練習みたいなものになるのです。本番の試合とは違うのです。練習試合とかシートノックをしているのです。これが教義です。

教義をしっかり勉強することは必要なことですけれど、教義に救いがあるのではないのです。教義に本当の悟りがあるのではないのです。悟りは悟り、救いは救いです。神の実物を掴まえなければだめです。

神の実物は何かと言いますと、ザ・ネーム・オブ・ゴッド（the name of God）という言葉があるのです。神の名前が神の実体です。神の名前、イエスの名前、キリストの新しい名前があるのです。

イエスというのは名号でありまして、阿弥陀如来のようにイエスの名号はそのまま救いになるのです。他力本願の教義は、新約聖書の教義から相当大きい影響を与えられたものと想像されるのです。

教義はある一つの方向を目指していることになるのです。しかし実体ではないのです。

神の名とは何か。イエスは「祈る時に神の御名を崇めさせたまえと言いなさい」と言っているのです。神の名を崇めるとはどういうことなのか。キリスト教では神の御名をはっきり説明しないのです。

御名を崇めなさいとは言いますけれど、御名とは何か。どうしたら御名を崇めることになるのかを説明しないのです。私は現在それを実行しているので申し上げられるのです。

新約聖書のヘブル人への手紙の十一章六節に、神がイズ（is）であることを信じなければならないという言葉があるのです。

英沢で must believe that he is になっています。神に来る者は神がイズであることを信じなければならないとあるのです。これが神の実体です。

英語でいうビー動詞の am are is が神の実体です。皆様が人間であることが神です。あることがイズです。これが神です。

神に来る者は、神がイズであることを信じなければならないとあるのですが、これがキリスト教では全然分からないのです。神が分かっていないから聖書が全然分からないのです。

私が私であることが神です。あなたがあなたであることが神です。モーセが神に向かって、あなたの実質は何ですかと尋ねたら、神は「アイ・アム・ザット・アイ・アム（I am that I am.）と答えたのです（出エジプト記3・14）。

地球が地球であること、太陽が太陽であることが神です。太陽が神ではありません。太陽が太陽であることが神です。地球が地球であることが神です。これが本当の神です。

現在皆様の心臓が動いていることが神です。これが神の実物です。実物と教義とはこのように違うのです。

11．空の自分と実の自分

大般若経は長短様々の経典を集大成したもので、六百余りの膨大な経典ですが、その内容を集約したのが般若心経です。大般若経を濃縮したものです。

大乗仏教の本当の要点を述べたもので、般若心経をしっかり理解して頂ければ、大乗仏教の教義はおのずから分かるのです。

書いたのは多分龍樹菩薩であると言われているのです。第二結集の時に龍樹によって書かれたと言われているのです。

般若心経は現在の人間にご利を与えるとは言っていないのです。他の経典、例えば法華経とか、維摩教とか、涅槃教、大般若教と色々ありまして、全体で一万七千六百巻あると言われています。これらをすべて勉強するのは不可能に近いのではないかと思われるのです。また、時間がない人はすべてを勉強する必要もないのです。

私たちは人生の実質、実体、人間の命の実体を端的に究明することを目的にしていますので、仏教そのものの勉強を目的にしていないということをご理解頂きたいのです。従って、各仏典の細かい説明は致しません。

般若心経には大乗仏教の目的論的なものが示されていますので、般若心経を勉強しますと、仏教のだいたいの深さが分かるのです。この点で宗教ではない角度から般若心経を勉強しているのです。

般若心経には釈尊の悟りの内容が要約されています。仏法の中心を捉えるという考え方から申しまして、般若心経の勉強をしますと、それでほとんど十分だと言えるでしょう。

物事の考え方から申しますと、空という面からの考えと、実という面からの考えがあるのです。空を知るということは空に同じることです。これは実を知るために空に同じるのです。無という言い方もありますが、無と空とは少し違います。無は空のある面を見ているのです。空の反面を見ているのです。

ところが、空には両面がありまして、空っぽであるという面と充実している面とがあるのです。まだ現われてはいないけれど、充実した面が隠れているという空と、空っぽであるという空と両方あるのです。

般若心経の色即是空という場合の空は空っぽの方を言っているのです。空即是色の場合の空は満ちている方を言っているのです。

実になりますと、はっきり表面に現われている実体を指しているのです。聖書はこの実を書いているのです、大乗仏教の思想は大ざっぱな言い方をすると、こういう二つの面が言えるのです。

皆様の人生をまともに勉強するとしたら、この二つの面を心得ていなければいけないのです、仏教だけを勉強しても本当のことは分かりません。仏教は譬であって、阿弥陀如来とか、大日如来というのは抽象人格です。具体的に存在していた人格ではありません。歴史的な実体ではないのです。

仏教は思想的な勉強にはなりますけれど、命の勉強にはなりません。本当の命の勉強をするためには、どうしても聖書のご厄介にならざるを得ないのです。

聖書は歴史を踏まえて書いているのです。　ところが、仏法は悟りを踏まえて発言しているのです。ここが違うのです。歴史の面からの考察と、悟りの面からの考察との違いがあるのです。

私たちは命を究明しているのです。そのためには、人間が何のために生きているのかという目的に向かって突入するような考え方を持たなければならないのです。ですから、仏典の一つ一つについて考察するということは致しませんのでご理解頂きたいと思います。

色即是空の色は目に見える物質的存在を指しているのです。目に見えるものは空です。目に見えるという形で私たちが意識しているのは本当に存在するものではありません。

現在では中学生でも知っていることですが、理論物理学の常識で考えますと、物質は存在しない、ただ電子の運動があるだけです。

実と有

般若心経には実という言葉がありません。般若心経だけでなくて、大乗仏教全体に実がないのです。これが大乗仏教の特長であります。大乗仏教に無がありますが、有については説明がないのです。正当に言いますと、有という文字の本当の意味が分かって初めて無が言えるはずです。

ところが、仏教では有が分からないのです。有の譬のようなものはあります。例えば、遍照金剛とか、毘盧遮那仏があって大宇宙全体を照らすと仏典にありますが、これは思想であって本当にある人格ではないのです。

無ではない本当の有がどこにあるのか、仏教では分からないのです。これが仏教の特徴です。形があるものは色ですから空です。色は空である。ところが、色ではない本当の有とは何なのか。現在空として現われているものがあるのです。例えば木が現われています。木が現われているというのはどういうことなのか。なぜ物質が存在するのか。色即是空であるなら、なぜ空が色として出ているのかということです。

空が色として現われる原因が、仏教では説明できないのです。これはしかたがないのです。なぜしかたがないのかと言いますと、法というのがありまして、悟ることです。仏というのは仏さんという人格ではなくて、悟るという目的を持っている人格です。これが仏です。

聖書でいう神が仏教にはないのです。あるように言っていますが、第二結集で龍樹がそういう思想を仏典に取り入れたのであって、釈尊自身はそういうことを説いていないのです。

釈尊の本当の思想は分からないのです。分からなくなっているのです。阿弥陀如来ということも、釈尊自身が説いたのか、説かなかったのか分からないのです。法蔵比丘というお坊さんが悟りを開いて如来になったと大無量寿経説明しているのですけれど、これは釈尊のことを阿弥陀如来と言っているのであって、阿弥陀如来という神があったのではないのです。

本当の有とは何か。仏教は無神論です。神がないのです。天地が造られたということを考えないのです。天地が既にあったと考えるのです。地水火風という四つの大きい力によって、大自然は既に生まれたと考えるのです。

天地が自然に生まれたというが、自然に生まれたとはどういうことかです。これが仏教では説明ができないのです。仏教には天地を造った本人がいないのです。従って、天地が造られたという思想が仏教にはないのです。

天地は自然にできたと考えているのです。これが因縁所生です。因縁によって天地が生まれたというのです。それでは因縁の本体は何かというと分からないのです。これ以上は仏教では説明しないことになっているのです。日く言い難しとなるのです。千聖不伝、不立文字、教外別伝、ただ悟れとなるのです。

聖書は初めに神が天と地を造ったとはっきり言っているのです。聖書は神が天と地を造ったと明言しているのです。聖書と仏法とでは根本から出発点が違うのです。出発点が違うからこそ比較対称して参考にすることができるのです。

般若心経には有がありません。だから、般若心経だけでは人間を完全に説明できないのです。人間自身の考え方は五蘊皆空です。空です。これは般若心経にはっきり書かれています。人間が現在生きていることが空です。

人間は現在の状態で生きていても、しかたないのです。本当に有が分からず生きていても、ただ死ぬだけです。死ぬに決まっているのです。だから、人間が現在の状態のままで生きているということは、無意味です。

そこでどうしても人間を空じてしまわなければならないのです。現在人間が生きているのはその原因がなければならないのですから、その原因を究明するという態度をとりますと、有が分かってくるのです。

現在の人間が生きているままの状態を承認してしまいますと、神が分からなくなるのです。命が分からなくなるのです。

本当の命を見極めようと思いますと、まず空にならなければいけないのです。空が分からなければ、実が分からないのです。そこで般若心経がどうしても必要になるのです。

般若心経には実はありません。神もありません。だから聖書を勉強しなければならないのです。

仏教には人間が生きていることに目的がないという言い方をする人が相当多いのです。禅宗は人間が生きていることに目的はないというのです。天台宗でもそう言っているのです。

仏教では人間が生きていることに目的がないことになるのです。だから、現在の人間をアウフヘーベンしても、テーゼとしての人間がいることがはっきり分からないということになるのです。

釈尊が生老病死ということを悟ろうと考えて発見したのが空の思想でありまして、人間が現世に生きていることが空であることが仏教の終極的な結論です。

釈尊は人間がただ空であると見ていたのではないのです。もっと大きいものを見ていたようです。ところが、有を見たのではないのです。

私たちはただ単に教理的な勉強をするのではありません。人間が現在生きているという事がらを正確に、真実に究明しようとしますと、般若心経が言っている空は私たちに非常に大きい参考になるのです。

仏教に空を越えた命があるのかないのかということを、仏教的に論じるということは、必要がないと思います。仏教は命を伝えるということよりも、空を見ることが目的だからです。従って、大乗仏教だけでは人間完成はあり得ないことになるのです。そこで、般若心経の空の他に、命をはっきり提示している聖書が必要になってくるのです。

本当に命を捉えている教学、教義はありません。端的に実体的に命を掴まえるということは、素人の方がいいのではないかと言えるのです。釈尊は宗教には全く関係がない素人でしたけれど、空という偉大な真理を発見したのです。

贖罪論というのは新約聖書の思想ですが、旧約聖書という角度から考えてみても、肉の人間は存在していないことになるのです。新約の贖罪というのは肉の人間を認めないのです。これが般若心経の空と一致するのです。

肉の思いは死であると言っています。肉体的に存在するということを自分だと思い込んでいることは、死であると言っているのです。

大乗仏教は人間を肯定する面がありますが、空じることを前提にして肯定しているのです。贖罪には教義としての贖罪論と、聖書がストレートに提示している贖罪とがあるのです。贖罪という言葉は似ていますが、内容は全く違います。

どのように違うかと言いますと、キリスト教の贖罪論は、罪人である人間がキリストを信じることによって、彼の贖いによって人間の罪が贖われる。罪がないものと見なされて救われるというのです。

キリストの血潮によって私たちの罪が許されるというのです。これは間違ってはいないのですが、言葉が足りないのです。キリスト教の贖いによって救われるのはそのとおりですが、キリストが十字架につけられたということを、どのように承認するかです。十字架の承認のしかたが問題です。

十字架はただ贖罪のためではなくて、肉体的に存在する人間が消えてしまうことを意味しているのです、「私はキリストと共に十字架につけられた。生きているのは、もはや私ではない」とパウロが言っているのです（ガラテヤ人への手紙2・19、20）。この考え方です。私はもはや存在しない。今いるのは自分ではない、キリストが自分という形で生きていると言っているのです。これが新約の贖罪論の特徴です。

この点は仏典とよく似ていますけれど、少し違う点があるのです。私たちの命が正確に救われるということを、真実に探求することになりますと、正直に十分に検討して確かなことを掴まえなければいけないのです。

これは天地創造ということをお話ししなければ分からないと思います。聖書は約束が原則になっているのです。キリストが神から遣わされてきたというのは確かですが、この言い方だけではただの宗教観念になってしまうのです。

日本人は神の約束が全く分かりません。日本人は約束の民ではありませんので、神の約束とは何であるかが分かりくいのです。地球が地球であることが神の約束に非常に重大な関係があるのです。

12. 欲得現前莫存順逆

信心銘に「欲得現莫存順逆」という言葉があります。信心銘は禅宗三祖鑑智僧燦禅師の著作と言われていますが、これと一期一会とは同じことになるのです。

欲得現前莫存順逆というのは、法律にも、政治、経済にも通用する考え方です。現前というのは瞬間です。今生きているこの瞬間です。

現前は現実ではありません。私たちの命は生きている瞬間しかないのです。鼻から息を出し入れしているこの瞬間だけがあるのです。

息を出し入れしているというのは、この瞬間だけに通じる実体です。昨日、生きていたことには関係がないのです。また、明日の呼吸とも関係ないのです。

命は厳密に言いますと、今だけのものです。今の他に命はありません。今生きているというこの瞬間を掴まえるのです。これを一期一会というのです。

今、鼻から息を出し入れしている瞬間を一期というのです。一会というのは、今この瞬間に、命に面会している、万物に面会していることです。

皆様が歩いても、バスに乗っても、一会です。靴をはくということが一会です。靴をはく前と、はいた時と、はいた後の瞬間があるのです。そこに、実感と満足と喜びがあるのです。納得があるのです。

利休はこれを言っているのです。靴をはくだけで命が実感できるのです。これが分かる心境を仏というのです。私たちの行動の一つひとつが一期一会になっているのです。その一つひとつに納得があるのです。

これを実感していますと、生きているだけですばらしい喜びがあるのです。歩いている時には、自分が歩いているのではなくて、一期一会が歩いていると思いながら歩くのです。そうしたら、素晴らしい実感を与えられるのです。この世に生きている人間ではないことが分かるのです。

順逆とは、良し悪し、利害をいうのです。美醜、善悪を考えるのです。いわゆる差別語です。私は儲かった、あの人は損をしたと考えるのです。こういう考え方が全部順逆になるのです。

莫存とは、そういう考えをしてはいけないというのです。現前を本当に掴まえようと思ったら、また、一期一会を掴まえようと思ったら、損をしたとか得をしたとか、成敗利鈍を考えるなというのです。成敗利鈍をいちいち考えていたら、本当の命は掴まえられないと言っているのです。

命が分かればいいのです。利害も得失もないのです。これを実行しますと、現世を出てしまえるのです。

皆様は非常に合理的で、論理的に考えようとしているのです。非常に科学的な思考方式を持っているのです。こういう考え方の前に、まず解脱して頂きたい。そうすると、気楽になるのです。解脱せずにこれをしていますと、順逆の世界に引きずり込まれて、これは良い、これは悪いという考えに掴まえられてしまうのです。こういう考え方をしていますと、労が多くて功が少なしになるのです。

まず自分の考えを捨てることです。これをして頂きたいのです。

信心銘の最初に、至道無難唯嫌揀擇《しどうぶなんゆいけんけんじゃく》とあります。この天地宇宙の中で本当の道は一つしかないのです。つまり、至りついた道、即ち、般若波羅蜜多は一つしかないのです。

本当の般若波羅蜜多は一つしかないのです。仏教で言っているのは、仏教の般若波羅蜜多であって、これはまだ小さいのです。本当の般若波羅蜜多は全世界に通用するものでなければならないのです。

至道は難しくないのです。難しいものだと思ったらいけないのです。これが至道無難です。唯嫌揀擇というのは、好き嫌いをしてはいけないということです。

人間の悟りは一つしかない。その悟りを本当に得たいと思ったら、これは好きだ、これは嫌いだと言ってはいけないのです。

自分の計らいを一切問題にしないで、外から息を出し入れしていることだけを考えなさいというのです。

欲得現前というのは、外から息を出し入れしていることを知りたいと思ったら、順逆を考えてはいけないということです。

聖書に次のようにあります。

「イエスが宮から出て行こうとしておられると、弟子たちは近寄ってきて、宮の建物にイエスの注意を促した。

そこで、イエスは彼らに向かって言われた、『あなたがたは、これらすべてのものを見ないか。よく言っておく。その石一つでも崩されずに、そこに他の石の上に残ることもなくなるであろう』」（マタイによる福音書24・1、2）。

イエスの弟子はガリラヤの漁師が多かったので、人間的な常識で生きていたのです。この人々にイエスはいろいろと神のことを説明したのですが、エルサレムの神殿については何も言わなかったのです。

当時、建築中の大神殿があったのです。その神殿に対して、イエスはどのような気持ちを持っているかを弟子たちは知りたかったのです。

日本の神殿なら皆偶像です。日本には創造者としての誠の神がないのです。全知全能の神は日本にはありませんから、日本人に明治神宮を見せて何と思うかと言っても、何でもないのです。ただ明治天皇を祀っているだけのことです。国のシンボルとして祀っているだけのことです。命には関係がないことですから、どんな建物を造ろうと、異邦人の勝手です。

ところが、ユダヤの場合はそうではないのです。ユダヤの神がイエスの神でなければならないのです。イエスの神がイスラエルの神でなければならないのです。そこで、神殿の神をどう考えるのかというような、難問に属するような質問をしたのです。

現世の宗教を認めるということは、現世の文明を求めていることになるのです。弟子はイエスに対して、「あなたは目に見えない神がおいでになるということを言うけれど、一体、この世の文明が神殿という形で存在している人間文明を、どうお考えになるのですか」というような質問をしたのでしょう。

これに対して、イエスは「建築物を良く見なさい。その石一つでも崩されずに、そこの石の上に残ることはないであろう」と言っているのです。

イエスは皮肉な答え方をしているのです。今、目の前に立派な石造神殿があるが、これはやがて跡形もなく壊れてしまうと言っているのです。そうして、改めて、他の石によって、他の神殿が建てられると言っているのです。

今のすべての文明は根底から全部潰されてしまう。目に見えるものも見えないものも、全部潰されてしまう。そうして、今石がある所に、新しい石が置かれるであろうと言っているのです。このことをご承知頂きたいのです。今、人間が造っている文明は死んだ人間が造っている文明です。死ぬに決まっている人間が造っている文明です。この世の道徳とか、しきたりとか、この世の生活の形は、すべて死んでいく人間が造ったものであり、死んでいくに決まっている人間が現在も造っているのです。

現世に生きている人間は、現世に生きているように見えるのです。ところが、それは心臓が動いているだけであって、現世の人間はこの世に生きてはいますけれど、心臓が動いているということを知らないのです。自分の思いでこの世に生きているのです。

人間の思いが人間になって現われているのです。人間の思いが文明になって現われているのです。ところが、人間の思いは命ではないのです。思いと命とは違うのです。

本当の命というのは、心臓が動いているという事がらです。この心臓が動いているという実体的な事がらに基づかないで、自分が生きているという思いに基づいて生きているのです。

例えば、皆様がお茶を飲んだ時、お茶の味を味わって飲んでいるのです。お茶の味を味わおうと思っていなくても、自然に味わえるのです。そうすると、味わいとは何かと言いますと、心臓が動いているのと同じ意味で、生まれる前の命が皆様の中に働いているということになるのです。

目で物事を見るという視覚意識とか、味覚意識が皆様の中にあるのです。これは生まれる前からの命の延長です。

生まれる前の命は死なない命です。まだ生まれていないのですから、死ぬはずがないのです。生まれる前の命が本当の命です。死なない命です。

死なない命が肉体的な形になって、この世に現われたのです。これを魂というのです。ところが、肉体的に形になってこの世に生まれたことが業《ごう》です。死なない命のままにしておいてくれたら、死ぬはずがないものを、肉体的な形でこの世に生まれたために、業の真ん中に放り込まれたのです。

パウロは、「私は肉につける者であって、罪の下に売られた」と言っているのです（ローマ人への手紙7・14）。肉体的な形でこの世に生まれたことを、罪の下に売られたと言っているのです。これが人間の業です。

肉体という条件でこの世に生まれた時に、人間は死ぬべき運命を背負わされたのです。霊魂は死にませんが、肉体は死ぬのです。

肉体的な形でこの世に生まれてきたということは、死なねばならない条件で生まれてきたということです。死なねばならない条件で生まれてきた人間は、死なねばならない条件から抜け出す方法を考えなければならないのです。抜け出さなければ、死ぬに決まっているのです。

六千年の間、死ぬに決まっている人間ばかりが文明を造ってきたのです。文明は死ぬに決まっている人間が造ってきたのです。だから、この文明は滅びるに決まっています。

サミットとかG7と言って、世界七か国の国のリーダーが集まって話し合いをしていますが、滅びゆく文明を何とか滅びないようにと、遣り繰り算段しているのです。現世における遣り繰り算段ばかりであって、永遠に関する話し合いは全くしていないのです。

こういう文明はやがて潰れるに決まっているのです。人間歴史が消えてしまうのです。このことをイエスは神殿に譬えているのです。ユダヤの神殿は文明のようなものであって、いかにも立派なもののように見えるのですが、内容は空っぽです。命が分かっていないからです。だから、今の文明は完全に潰れてしまって、ここに新しい文明が立ち上げられると言っているのです。これがやがて現われる千年間の絶対平和、完全平和のキリスト王国です。

ユダヤ人は自分の力で、新しい文明を立ち上げようと考えているのです。マルクスの考えがそれだったのです。ホワイトハウスのやり方とか、クレムリンのやり方は、新しい世界を人間の力で立てようとしているのです。

史記に、「人盛んなる時は天に勝つ、天定まって人に勝つ」という言葉があります。人間の勢いが良い時には、神なんかあるもんかと思うのです。人間が元気が良い時には、神なんかないと言って、横車を押してもまかり通るのです。

天が正当な位置を獲得することになれば、人間は負けるに決まっているのです。

今の文明は天に勝っている文明です。やがて、文明は天に負けるに決まっているのです。これをキリストの再臨と言います。

人間の思いが石です。人間文明のシンボルが石です。「石の心を取り除き、肉の心を与える」という言葉がありますが（エゼキエル書36・26）、人間の常識は石の心です。石の心を持ったままで、イエスの命を掴まえようとしてもできないのです。だから、聞いた話は分かるけれど、どうも実感がないことになるのです。

コップいっぱいに水が入っている所へ、新しい水を入れるようとしても入らないのです。コップの中の古い水を空っぽにしてから、新しい水を入れなければいけないのです。ところが、皆様は古い水を空っぽにすることに、なかなか賛成しないのです。

死んでしまうに決まっている自分の常識が、どうしても重大に思えるのです。これをよく考えて頂きたいのです。病気とか、経済事情とかいろいろありますが、本当に自分が生きているということをはっきり見れば分かるのです。

五十歳の方は五十年の間、いろいろな経験をしたと思うのです。ところが、人生の経験の仕方が、一期一会という仕方ではなかったのです。だから、皆無駄な人生経験になってしまっているのです。これは利益にならないで、却って、悪になっているのです。

いろいろと楽しいことをしたと言われますが、それが全部、肉の記憶になっているのです。これがうるさいのです。自分の記憶は自分にしかない記憶です。記憶の正体が皆様の人生の正体です。

どういう記憶が皆様の頭の中に残っているのかが、今までの皆様の霊魂の正体です。これを持ったままで死んだら、ひどいめにあうのです。

記憶が皆様の霊魂を殺すのです。記憶が皆様を束縛しているのです。話は聞けば分かるが、受け取ることが難しいと言われるのです。誰がそういうのかと言いますと、皆様の記憶がそう言っているのです。

皆様の記憶は皆様の思いです。皆様の思いが記憶になって残っているのです。これが皆様の地獄になるのです。

地獄を引っくり返してしまうのです。このやり方が一期一会です。良心と仲良くするというのは、これをいうのです。良心と仲良くすると、今までの記憶をごそっと引っくり返せるのです。いろいろな記憶があるでしょう。今からでも遅くないですから、それを記憶し直すのです。例えば、ハイキングに行って空の青さを見たことがあるでしょう。ところが、その時の人生験が薄っぺらであったために、空の青さが持っている生命的な価値が分からなかったのです。ただ空が青かったと思っただけです。

空が青かったということは、神の栄光が青の色に現われていたのです。それを見ると、栄光がストレートに分かるのです。

犬や猫は神の栄光が分かりません、第一、空を見ないのです。晴れであろうが、雨が降ろうが、関係がないのです。ただ腹が減っているかどうかだけです。

人間には空の青さが分かるのです。空の青さとは何か。これは命の本源である神が皆様のハートにアピールしているのです。語っているのです。皆様のハートを刺激しているのです。どういう刺激かと言いますと、プロポーズという刺激です。これをしているのです。

神は人間の魂に向かってプロポーズしているのです。空の青さを通して、花の美しさを通して、また、ご飯のおいしさを通して、牛肉のおいしさ、マグロのおいしさ、メロンのおいしさを通して、人の魂にプロポーズしているのです。神のプロポーズをさっと受け取って、「ああ有難い」と思える心を、無量寿、無量光というのです。その時に、無量光が輝いているのです。

そこに仏があるのです。自分が仏になるのです。ところが、人間が青空を見ている、人間がご飯を食べているということだけですと、神の栄光を無視していることになるのです。その刑罰が地獄になって現われるのです。

自分が納得しなくてもいいのです。自分の中にある霊魂に気が付けばいいのです。自分の思いによって考えると、大変難しいように感じるのです、霊魂で聞けば、難しいとは思わないのです。霊魂で聞くという訓練をしますと、非常に素直に聞けるのです。

霊魂の素直さが女の本体です。ところが、今の女の人は女性になっているのです。創世記の二章二十三節に、「男から取ったものだから、これを女と名づけよう」とありますが、これは今の女性とは違うのです。

今の女性はユダヤ文明が造ったもので、本当の女とは違うのです、神が造った女ではないのです。女の本当の姿が、男の霊魂です。

男は女が好きで好きでたまらないのです。実は、女が好きな人ほど、見込があるのです。女性が好きではない男性はだめです。

とにかく、男は女性が好きです。なぜこんなに好きなのかと思うほど、女性が好きです。男のハートが女性になっているのですから、好きでたまらないのは当たり前です。

こういうことが日本の宗教では分からないのです。仏教でも分からないのです。本当の女の心になりきることができると、普通の人間が如来さんになれるのです。

今の女はだめです。女性になっているからです。男が本当の女になる。女は元の女になるのです。そうすると、初めて、男でもない女でもない、本当の観自在菩薩になるのです。これが永遠の恋愛です。

固有名詞の人間が頑張っている間はだめです。魂にならなければいけないのです。男は女に対して、考え違いをしていたということを反省しないといけないのです。女を知らなかったのです。女自身が女を知らないのですから、しょうがないのです。

神殿の石が全く無くなってしまうのです、礎として捉えてあった石までが無くなってしまうのです。そこへ全く別の石が持ってこられるのです。

礎まで無くなってしまう地震は、余程の地震です。上の建物が潰れるような地震ならありますが、礎まで無くなるような大地震は今までには無かったのです。これから起きるのです。

13．天皇制の値打ち

日本という国の金看板に誤魔化されているのです。日本という金看板を外してしまうと、天皇制の値打ちが分かるのです。金看板をかけている間は、天皇制の本当の価値は分からないのです。

人間文明の本質から考えますと、天皇制というのは驚くべきものです。これが分からないのです。金甌無欠というのは、日本の国には関係がないことです。

日本の天皇制に金甌無欠という事実はありますが、これは日本という全看板には関係がないのです。皆様はこれが分かれば死ななくなるのです。

日本人は金甌無欠と謳っていながら、何のことか分からなかったのです。金の壺に欠けがないというのです。これは人間の歴史全体から見て、すばらしい大真理を言っているのです。このことが日本人には全然分かっていないのです。

日本の国という概念で、金甌無欠という大真理を分からなくしてしまっているのです。日本という国号の中で、金甌無欠を仕切ってしまっているのです。囲いの中に閉ざしてしまっているのです。だから、本当の金甌無欠が分からないのです。

これは世界歴史の秘密です。これが本当の阿弥陀如来だと言ってもいいのです。

本当の命が分かりますと、歴史でも哲学でも、経済、政治も、宗教でも分かるのです。こういうものが全部分かるのです。

「分け登る麓の道は多けれど、同じ高嶺の月を見るかな」という一休禅師の道歌がありますが、日本人は本当の頂を知らないのです。こういう愚かなことを、日本人はしているのです。

イエスを勉強すれば、あらゆる宗教、学問に冠絶したことが分かるのです。弘法大師や伝教大師、道元、親鸞よりもすばらしいことが分かるのです。

どんな大師でも、どんな学者でも、イエスのある面を説いているだけです。真言宗とか、天台宗とか、禅宗、日蓮宗は専門学みたいなことになるのです。

専門学というと非常に上等なもののように思えますが、専門学というのは部分学です。例えば、経済学というのは、経済のことを勉強するから経済学というのです。国家社会全体のことを捉えているのではないのです。

専門的ということになりますと、部分的になるに決まっているのです。近代学というのは専門学ばかりです。専門学以外の学問はありません。これがユダヤ人のトリックです。

ユダヤ人問題の根本的な解明が、日本では全然できていないのです。これは日本だけではなくて、欧米社会も同様ですが、聖書をまともに読んでいないからこういうことになるのです。

哲学や宗教をいくら勉強しても、ユダヤ人問題は絶対に分かりません。仏典をいくら勉強しても分からないのです。ユダヤ人問題が分からなければ、世界歴史の実体を捉えることができないのです。世界歴史の実体が捉えられなければ、人間が生きているということの説明ができないのです。

宗教ではない真理、絶対真理を学んでいるという人がいますが、ユダヤ人問題が分かりますかと聞けば、説明できないのです。どんな学者でも、どんな専門家にでも、ユダヤ人問題が分かっていますかと聞いても、返事ができないのです。

大体、ユダヤ人問題が分からない人が、分かったようなことをいうことが間違っているのでいうことが間違っているのです。ユダヤ人がいなければ、今の歴史はないのです。ユダヤ人問題が分からなければ、本当のことを命は分からないのです。こういう考え方を全体学というのです。専門学ではないのです。何にでも通用する、何処にでも通用する、いつでも通用する、誰にでも分かることを全体学というのです。

全体学を勉強しなかったらだめです。宗教や哲学を勉強している人々が全体学を知らないからいけないのです。宗教家は専門家です。専門家というのは、部分家のことです。部分家はだめです。

他力本願の原理と政治経済の原理とを、どのようにして一つにするのかということです。ドイツ観念論と親鸞の信仰を、どのように一つにするか。こういうことが説明できなかったらだめです。それはできないと言ったら、全体学にはならないのです。

イエスが分かれば全体学が分かるのですから、何でも説明ができるのです。イエスはすべてのすべてであると聖書に書いているのです。イエスはザ・キング・オブ・ザ・キングス（the king of the kings）です。だから、何でも分かるのです。

今、世界に必要なものは、ザ・キング・オブ・ザ・キングスの再発見です。ナザレのイエスの再発見です。これしかないのです。これをする以外に、命を掴まえる方法はありません。

こういうことは、阿弥陀経や三部経にも書いています。大無量寿経にも書いているのです。阿弥陀如来は命の根源であり、知恵の根源であると言っているのです。

命の根源であり、知恵の根源であるのなら、そのような勉強をしなければいけないのです。無量寿如来、無量光如来を信じるなら、知恵も命も分かるはずです。

阿弥陀経とアメリカ経済の関係はどうなるのかです。こういうことが分からなければ、だめです。科学の問題でも、政治、経済の問題でも、人間の魂の問題の関係をきちっと説明できなければいけないのです。

人間は生きていながら、命が分かっていない。こういう人は地獄へ行くに決まっているのです。命の有難さを知らないから、地獄へ行くことになるのです。

宗教をいくら信じてもだめです。宗教は神の前では一切通用しないからです。神は厳然たる実体です。人間の観念は一切通用しません。全体学以外のものはだめです。

宗教は専門学です。仏教も専門学です。自力とか他力、真言というと、専門学がさらに分派したものです。キリスト教も専門学です。ローマ法王は専門学のシンボルです。

もっと高い立場から言えば、全体というものもないのです。一即多であり、多即一であって、部分というものもないのです。例えば、法律の勉強をしたとします。本当の法律が分かったら、それから出るのです。

「堂に入って堂を出る」という言葉があります。表から堂に入るのです。そうして、お堂の裏へ抜けてしまうのです。一つの堂を通れば、すべての堂を通ったのと同じ結果になるのです。

例えば、他力でもやりきってしまうと、自力になってしまうのです。自力をやりきってしまうと、他力になってしまうのです。これが全体です。

拝むということでも、本当に拝めたら偉いのです。ところが、本当に拝まずに、自分が拝んでいるのです。これはまだ本当に拝んでいないのです。

宗教は皆自分が拝んでいるのです。自分が信じるのです。自分が祈るのです。これは全部だめです。

あれほどの達人の親鸞でさえも、仏教という枠から完全に出ることができなかったのです。歎異抄を読んでみますと、仏教という枠から出たいということをしきりに思っていたのです。

自然法爾の文を本当に親鸞が書いたとしたら、大したものです。しかし、自然法爾は宗教的な角度からの概念であって、世界歴史の実体ではないのです。自然法爾が本当に分かると、人間としての悟りは分かりますが、世界歴史の説明ができないのです。ユダヤ人問題が分からないのです。共産主義のことが説明できないのです。それではだめです。

親鸞が自然法爾の文を書いたとして、これは自然と人間との関係を抽象的に捉えたことになりますが、人間歴史の実体が説明できないのです。例えば、日本という国があることの説明ができないのです。

親鸞は日本人でしたが、日本人であることの縁起の説明ができなかったのです。このことは日蓮にも言えるのです。日蓮は立正安国と言っていますが、世界全体のことが考えられなかったのです。こういう思想は今では通用しないのです。

世界のことを知らずに政治をしていますから、日本の政治は頼りないものです。世界全体のことを知らずに政治をすることが、間違っているのです。公明党の世界観は非常に小さいものです。

皆様が現在生きているということは、自然法爾の結晶であると同時に、世界歴史の実体です。私たちの心臓が動いているということは、自然法爾の実物であると同時に、世界歴史の実体です。

私たちは今生きているという格好で、世界の歴史を造っているのです。会社を経営している方は、文明の流れと同時に、世界歴史の一部において、会社経営をしているのです。

厳密に言いますと、会社の動きは歴史の動きの中に織り込まれているのです。世界歴史の中の一員として生きているのです。従って、世界歴史に対する正当な認識がなかったら、人間としての正当な認識があるとは言えないのです。

命が分かると何でも分かるのです。私はでたらめを言ったり、ほら吹きではないのです。本当の命は一即多、多即一であって、一が分かると全部分かるのです。

本当に阿弥陀如来が分かったら、聖書が全部分かるのです。聖書が分からない阿弥陀如来の分かり方は、まだ本当に阿弥陀如来が分かっていないのです。

イエス・キリストが本当に分かったら、阿弥陀如来の説明が完全にできるのです。阿弥陀如来が分からないようなキリストの分かり方は、間違っているのです。

一は全部です。全部は一です。皆様には本当の命を掴まえて頂きたいのです。

一期一会とは何か。千利休が考えたのは、茶の心得としての一期一会を説いていたと思えるのです。利休が仏の心をどのように感じていたのかということです。また、自分の命をどのように見ていたのかということです。

利休がもう少しスケールの大きい人物だったら、切腹はしなかったと思われるのです。利休は了見が狭かったのです。彼は茶に関しては達人でしたが、人間としては未完成でした。

お茶でもお花でも何でも分かる人になって頂きたいのです。一期一会というのは、お茶だけのことではないのです。皆様が現在椅子に座っているということが一期一会になるのです。これが分からないと、本当のことが分かったとは言えないのです。

お茶だけではない、コーヒーを飲んでいても、一期一会が分からないといけないのです。お茶をしなければ一期一会にならないのではだめです。

14. 釈尊の悟り

釈尊の悟りは、生老病死というい わゆる四苦から始まっています。人間社会が存在している状態から出発しているのです。または、地球が存在している、森羅万象が存在している所から出発しているのです。ところが、宇宙は地球ができる前からあるのです。

天地創造という概念が、大乗仏教には全くないのです。いわゆる地水火風によって、森羅万象が因縁的に所生しているということはあります。しかし、因縁の本体が何であるのか。地球がなぜ地球であるのか、これについての明確な概念はないのです。すでに地球が存在すること、人間が生活している時点から出発しているのが、釈尊の生老病死への悟りのスタートです。

人間がすでに存在している所からスタートしたのですから、人間がどうして造られたか、なぜ造られなければならなかったのかという、いわゆる人間創造の基本的な概念は、仏教にはないのです。そういうものを造る必要がないのです。

般若心経によれば、五蘊皆空、色即是空ですから、人間の常識、知識が空であるし、森羅万象も空です。人間だけでなく、地球も空になるのです。

しかし、一切空と言っても、現在、地球が自転、公転しているという事実があるのです。太陽が毎日輝いているという事実がある。心臓が動いているという事実があるのです。このような事実を、どのように認めるのかということになりますと、一切空という概念は概念として、人間が生きているという実体を究明しなければならないことになるのです。こういう点がなかなか難しいのです。

例えば、浄土真宗なら浄土真宗という概念だけで仏教を取り上げれば、簡単です。浄土真宗の概念だけを取り上げているのですから、地球が存在することを浄土真宗が取り上げる必要はないのです。

ところが、人間存在という角度から考えますと、やはり一派に即した宗教概念だけでかたづけるわけにはいきません。もっと広く大きな場から見ていかないといけないのです。

般若心経は、釈尊の悟りの思想を、最も端的に要約、または集約したものです。それから新約聖書は、イエス・キリストの言行を基礎にして書いている。

ところが、釈尊も、イエスも、両方共、宗教家ではなかったのです。釈尊は釈迦族の皇太子であった。イエスはナザレ村の大工の青年であった。二人共宗教家ではなかったのです。

釈尊やイエスの言行を、宗教という概念で取り上げると、ちょっとおかしなことになるのです。内容的に考えましても、般若心経は、人間の知識、常識が一切空であると言っている。知識、常識だけでなく、十二因緑、四諦八正道が全部空である。大乗仏教の唯識論の中心理論を空と言っているのです。眼耳鼻舌身意という六根がないと言っている。色声香味触法もない。人間の感覚もないと言っているのです。

そうしますと、人間自身が生きていることを認めていないことになるのです。これが究竟涅槃の内容になるのです。

これは、世間一般に言われている宗教の対象にはならないのです。世間一般の宗教は、有形的、または無形的に、人間にご利益を与えるもの、人間を幸福にするものです。

般若心経は、人間が生きていることを否定する字句が並んでいるのですから、宗教とは言えないことになります。

ところが、これを各宗派が好んで用いているのです。テレビドラマなどで葬式の場面になりますと、申しあわせたように般若心経を読んでいるのです。これはおかしいのです。

人間の五官、六感を否定している般若心経が、葬式とどういう関係があるのか。般若心経と葬式とはあまり関係がないのです。

五蘊皆空、色即是空、究竟涅槃が般若心経の目的ですから、霊魂とのかかわりを説いているとも言えるのですが、般若心経には神がありません。空です。空と霊魂のかかわりと言えなくもないのです。

神という言葉を、空という言葉におきかえてみますと、空と魂とのかかわりということは言えるのです。ところが、神が空であるかないかということです。これは非常に難しい問題になるのです。

新約聖書の方ですが、これは人間を否定していません。否定してはいませんけれど、イエスの言行を正面からじっと見ていきますと、イエスは人間であったが人間ではなかったということになるのです。神の子であった。「彼は誠の人にして、誠の神であった」と、ヨハネは言っているのです（ヨハネの第一の手紙5・20）。「神の生みたまえる一人子であった」と言っているのです（ヨハネの手紙4・9）。彼は普通の人間だと言えないことになるのです。

イエスという人物は、人間のあり方を明確に示すため、また、神の側から、人間とはこういうものであることを示す見本として、現われたのです。

神は人間全体をイエスのように見ているということが、新約聖書の定義になるのです。全世界の人間を、人間として認めていないのです。イエス以外の人間を、神は正当な人間として認めていないのです。

神が現存在の人間を、なぜ認めていないのかということには、色々な理由があります。ただ認めていないという言い方だけでは、とても承服できないことですが、神は現存在の人間を人間として認めていないことは確かです。その証拠に、人間は死んでいくのです。

神がはっきり認めているとすれば、人間は死なないはずです。これがイエスの考え方です。「私は天から下ってきた生きたパンである。それを食べる者は、いつまでも生きるであろう」と言っています（ヨハネによる福音書6・51）。イエスは一度死んだけれども、また甦ったのです。彼は現在も生きているのです。

そのように、イエスは甦ったのであって、彼によって死が破られたのです。新約聖書によれば、そういうことになるのです。

これがもし本当であるとすれば、人間は死なないものであることになるのです。死ぬ人間は本当の人間ではない。死なない人間が本当の人間です。イエスを本当の人間だと神が認めているとすれば、死なない人間を人間として認めていることになるのです。

神と霊魂のかかわりと言いましても、死ぬ人間をさすのか、死なない人間をさすのか、こういうことをはっきり考えてみなければならないことになるのです。

イエスが死を破ったことは、新約聖書に堂々と書いています。しかも新約聖書は、ほとんど全世界の国家、民族が認めています。キリスト教のいわゆるテキストであるだけではなくて、文献としてはっきり認めているのです。

しかも、日曜日が休みであることは、イエスの復活を記念するために休んでいるものでありますし、二〇二〇年というのは、暦年算定の基準を、イエスの誕生にしていることになるのです。これは、イエス・キリストの復活が、歴史的な事実であることを意味するのです。

15. 顚倒夢想

人間が本当に分かったと思うことは、自分が涅槃になってしまうことです。遠離一切顚倒夢想　究竟涅槃であって、人間の考えは皆、顚倒夢想しているのです。

人間が肉体的に生きている状態で花を見た場合、例えば、黄色い花を見たとします。しかし、この花は黄色ではないから黄色に見えるのです。葉も緑ではないから緑に見えるのです。

緑の葉はその緑を拒んでいるから緑に見えるのです。その緑を拒否していて、拒否されたものが、人間の網膜に当っているのです。そこで、緑に見えるのです。緑の葉は緑色ではないことを証明するために緑に見えるのです。

人間が受け止めている心理状態と、物事の存在状態とは正反対です。黄色に見えるのは、黄色を拒否しているのです。黄色を排除しているから、排除された色が網膜に当っている。そこで、黄色に見えるのです。

黄色ではないから黄色に見えるのです。皆様が肉体的に生きているという条件は、ネガフィルムみたいなものです。白が黒く映っているのです。黒が白に映るのです。ネガフィルムを焼き付けると白は白、黒は黒の写真ができるのです。

構造色という発色の仕組みがあります。自然界には輝くような色の生物が沢山います。昆虫ではモルフォチョウ、玉虫、鳥ではクジャク、ハチドリ、魚では熱帯魚を中心に、ネオンテトラやルリスズメダイ、タコ、イカ、アワビの貝殻、また植物の種子や花びらなど沢山あります。

これらの生物が放つ鮮やかな色は、構造色と呼ばれる発色の仕組みです。色素による吸収の色ではなくて、光の波長程度の微細な構造が、干渉や散乱などの光学現象を起こして、そのものには色が全くないのに、色があるように見えるのです。これがバイオシメティクスの原理です。

皆様はこの地球上で世間並に生きている間は、遠離一切顚倒夢想で生活して頂きたいのです。皆様の常識、知識はすべて顚倒夢想しているのです。逆立ちしているのです。

皆様が般若心経が好きなら、もっと丁寧に読んで頂きたいのです。皆様には丁寧さが足りないのです。一杯の水を飲むにしても、丁寧さが足りないのです。

歩くにしても丁寧に歩いて下さい。丁寧に歩くと、自分が歩いているのではないことが分かるのです。丁寧に生きるのです。丁寧に生きるということは、自分自身の生活と思って生きないのです。生かされている生活を生きるのです。生かされている命を生きるのです。

丁寧に歩く、丁寧に座る、丁寧に食べる、丁寧に寝るということだけで、とこしえの命がありありと分かってくるのです。

生まれる前の命を今生きていることが、はっきり分かるのです。以前にテレビの番組で放映していましたが、胎児は母親の胎内で血液の流れを聞いているのです。生まれた後の胎児が泣いている時に、母親の胎内の血液の流れの音を聞かせると、すぐに泣き止んで、すやすやと眠るのです。

私は何を皆様にお話ししているのかと言いますと、皆様が生まれる前に持っていた本当の命を述べているのです。生まれる前の命は死なない命です。生まれてからの命は死ぬ命です。

皆様が今、現在生きているということは、五官の働きによるのです。五官の働きというのは、生まれる前の命の継続です。生まれる前の命をもう一度思い起こして頂きたいのです。

今生きているということの中に、生まれる前の命があるということが分かりますと、本当の守護の神が分かるのです。自分と一緒にいる天地創造の神が分かるのです。宗教でいう守護の霊という頼りないものではないのです。そういうばかなものではないのです。守護の霊というのは、宗教の造り物です。

皆様が今甘いものを甘いと思っていることは、この世に生まれてからの感覚ではありません。皆様の舌は生まれてすぐに、おいしい味とおいしくない味が分かるのです。そういう味覚神経は最初から皆様に備わっているのです。

これは物心がついてからの味覚ではないのです。物心がつく前の味覚です。皆様の五官の根本は、神が皆様に植えた驚くべき能力です。生まれる前に、神が直々に植えた超能力です。これが皆様の五官の本体です。

皆様が目で見ていること、聞いていることの有難さがどんなものであるのかを知って頂きたい。それがそのまま死なない命であることを知って頂きたいのです。

現在、皆様が手で触ったり、味わったり、聞いたりしているのは、皆様が生まれる前に神に植えられた本当の命の実物を経験しているのです。これを皆様は考えずに、善悪利害得失ばかりを考えてきたのです。

皆様はせっかく神に植えられた本当の命を持っていながら、目で見ているとはどういうことか、舌で味わっているとはどういうことかが全く分からない人間になっているのです。だから、皆様の霊魂は死んでいると言わなければならないのです。

皆様はもう一度、生まれたばかりの清浄潔白な赤ちゃんの状態に帰って頂きたいのです。本当の命を持っている状態に立ち帰って頂きたいのです。

この世に生まれてから後の皆様の命は死ぬに決まっている命です。ただ死ぬだけでなくて、死んでから必ず地獄へ行く命です。

現に、皆様は死なない命を持っているのです。これをザ・リビング（the living）というのです。ところが、皆様はザ・リビングによって生きないで、常識によって生きているのです。これがいけないのです。だから、分かったとか分からないとかを言われるのです。

ところが、本当のことを知りたい、本当の生きがいを聞いたら納得できるというのですが、これが間違っているのです。現世に生まれて、現世で与えられた物心で長い間生きている皆様が、知りたいと言っているのです。これが間違っている皆様の考えです。間違った自分が、納得したい、理解したいと考えているのです。

皆様をいくら説得しても、皆様の霊魂は目を開かないのです。人間である皆様と、皆様の霊魂とは違うのです。これに気づいて頂きたいのです。

魂というのは生まれながらの命のことです。人間というのは、この世で生きていた常識による人です。常識人間がいくら分かっても、いくら救われたと思っても、神の前には一切通用しないのです。神の前に通用する人を見つけて頂きたのです。

この世の常識でいくら分かったと言っても、この世だけのことです。死んでしまったら、全く役に立たないのです。私は永遠に役に立つものをお話ししたいのです。これは何かと言いますと、生まれながらの五官の感覚です。

皆様に本当の命の目を開いて頂きたいのです。今の人間は生活はしていますが、全く盲目になっているのです。命が見えなくなっているのです。私は皆様に命の目を開いて頂きたいと願っているのです。

皆様は私の話を何とか理解したいと努力しています。しかし、いくら努力してもだめです。死んでしまうに決まっている人間が努力しているからです。死んでしまう自分ではない、もう一人の人を発見して頂きたいのです。

別の人を見つけるのです。自分ではない他分を見つけるのです。神の子である自分です。死を破ったイエスと同じ人格を見つけて頂きたいのです。死を破って復活した人格です。キリスト紀元という新しい世界歴史を造った人です。この人の命と同じ命が皆様にあるのです。これを見つけて頂きたいのです。

イエスは死を破ったのです。彼は生まれながらの命で生きたからです。生まれながらの命というものを見つけることができるなら、生まれてからの命はどうでもいいのです。

生まれてからの命、後天的な命は死ぬに決まっている命です。後天的な命から、先天的な命に移ってしまうのです。天に帰ると言ってもいいのです。生まれながらの自分に還元するのです。これをお話ししたいのです。

パウロは、「肉の思いは死であるが、霊の思いは命と平安とである」と言っています（ローマ人への手紙8・6）。また、七節には、「肉の思いは神に敵するからである」とあります。この六節が新約聖書全体の結論になるのです。

肉の思いとは何かと言いますと、現世で自分が生きているという思いです。今まで現世で自分が生きてきた。今も現世の自分が生きていると思っているのです。

肉の思いというのは、肉体的に自分が生きているという思いです。人間の常識、知識です。皆様が常識、知識で生きている状嘘では、魂が全く分からないのです。魂が沈黙しているのです。常識、知識によって魂が沈黙しているのです。もっとはっきり言いますと、魂が殺されているのです。魂が絞め殺されているのです。

人間の常識は恐ろしいものです。これを悪魔の知恵というのです。悪魔の思いともいうのです。人間は悪魔の思いを自分の思いと思っているのです。悪魔の思いを担いでいるのです。

魂は神の子です。人間は悪魔の思いによって、神の子を絞め殺しているのです。私は皆様の中にある神の子の目を開いて、神の子の目が見えるようにしたいのです。そうしたら、悪魔の思いを踏みつけることができるからです。

皆様が今まで生きていた悪魔の思いを、活用する方法があるのです。皆様が今まで生きていた命を踏み台にすればいいのです。しかし、今までの常識で生きていると、皆様は必ず死んでしまいます。

今まで皆様は、神に逆らっていたために、この世を去ってから徹底的に裁かれるのです。これが怖いのです。

ただ死ぬだけなら何でもないのですが、死んでから必ず裁かれるのです。それは、生きている間に魂を踏みつけて、虐待を続けてきたからです。神の子をひどい目にあわしてきたからです。自分が救われたい、自分が幸福になりたい、自分が分かりたいと考えていたのです、自分が悟りたい、自分が理解したい、自分が納得したいと考えてきたのです。これがいけないのです。

自分が分かっているというのは、悪魔が分かっているということです。昔、人間の腸の中に寄生虫がいました。七メートル、十メートルものサナダ虫がいて、食べたものの栄養をどんどん奪っていくのです。

皆様の常識、知識は皆様の中にへばりついているサナダ虫です。これを私は徹底的に退治したいのです。

禅宗のお坊さんが失敗するのは、自分の整理の仕方が不徹底なのです。般若心経は一切空と言います。五蘊皆空、究竟涅槃と言っていますが、涅槃というのは冷えて消えてなくなってしまうことです。般若心経を読んでいるお坊さんが、冷えて、消えて、なくなったつもりでいるのです。ところが、別の人格を掴まえていないから、だめです。

消えてしまうのは結構です。捨てるのは結構ですが、その後が悪いのです。コップにある古い水を捨てたのはいいのですが、新しい水を入れておかないと、また、古い水が戻ってくるのです。

般若心経の空というのは、非常に良い思想です。全世界の文化の中で、般若心経ほど優れた思想は他にはありません。

般若心経は世界文明の中で、冠たる文化概念です。人間の考えは一切空だと言っているのです。これはすばらしい思想です。空というのは、空っぽになったということです。空っぽになったら何を入れるのか、入れずに放っておきますと、ごみだらけになるか、ばい菌が入るか、碌でもないことになるのです。

仏教ではこの解決方法がないのです。空っぽにすると言います。本当は空っぽにはしませんが、白隠禅師でも自分の考えを放下したのは良かったのですが、自分の考えに変わる本当のものを持ったのかと言いますと、持っていないのです。ただ空っぽになって終わりです。だから、白隠の弟子、その孫弟子も全部だめになったのです。白隠でさえも本当のことが分からなかったからです。

一休和尚もそうです。あれだけの達人でもだめでした。すべてのものを捨ててしまった。しかし、どうしても捨てられないものがあった。これがセックスです。一休和尚はセックスが大好きでした。空っぽになれなかったのです。

空っぽになったら、何を入れるのかです。何かを入れなければいけないのです。何も入れずに放っておくからだめになるのです。何も入れずに放っておいたら、捨てる前よりもっと悪くなるのです。禅宗のお坊さんの間違いはここにあるのです。

色即是空、空即是色ですべてを放下した。一切空になったのは良かったのです。しかし、一休和尚は本当の命を入れなかったために、だめになったのです。

白隠も一休もやはり宗教を信じていたのです。釈尊は明けの明星を見ているのです。釈尊は自分自身の妄念を全部出したのです。そうして、明けの明星をはっきり入れたのです。これが良かったのです。

釈尊のように明けの明星を入れた人は、本当のことが薄々分かったのです。これが三人の学者に伝承されたのです。インドからはるばるユダヤのベッレヘムへ、イエスの誕生をお祝いに行ったのです。この秘密が世界中の宗教家、哲学者に全然分からないのです。

釈尊入滅後、五百年経過して、インドから三人の博士が、ユダヤのベツレヘムに行った。イエスの誕生を祝っているのです。この秘密が分からないのです。

本当の悟りとは何か。明けの明星です。悟っただけではだめです。明けの明星を受け入れなかったらいけないのです。

聖書には、「あなたがたも、夜が明け、明日がのぼって、あなたがたの心の中を照らすまで、この預言の言葉を暗闇に輝くともしびとして、それに目をとめているがよい」とあります（ペテロの第二の手紙1・19）。

これが分からないのです。世界中のキリスト教の牧師に、明けの明星が分かる人が一人もいないのです。仏教の方でも明星の説明ができるお坊さんは一人もいないのです。明けの明星をどうして自分の中に見るかについて、説明ができる牧師さんが一人もいないのです。

世界中の仏教もキリスト教も、明けの明星によって一つになるのです。東洋文明の心髄は釈尊の悟りです。西洋文明の心髄はイエス・キリストの誕生です。キリストと仏陀が明けの明星によって一つになるのです。この秘密が世界中の文明に分からないのです。

キリスト教ははっきり間違っているのです。ユダヤ人のモーセが間違っていたのです。モーセの律法の間違いと、キリスト教神学の間違いとがあるのです。だからユダヤ人が指導している白人が間違っているのです。

私たち日本人が、モーセの間違いとキリスト教神学の間違いを指摘しなければならないのです。

世界の文明を新しくする決め手が明けの明星です。これが全世界の人間を救う決め手です。肉の思いは死であるが、霊の思いは命であり平安であると言っています。肉の思いによって生きているから、死んでしまうのです。霊の思い方へ鞍替えしたらいいのです。

生きているということを見ないで、生かされているということを見るのです。柔和謙遜になるのです。そうしたら、大胆不敵な人になれるのです。

本当の命とは何かと言いますと、皆様が鼻から息をしていることです。これが本当の命です。今、心臓が動いていることが命です。これをリビングというのです。生きていることがリビングです。

生きているということが命の本物です。現在、皆様の心臓が動いていることが生きていることですが、これをよく見ようとしないで、ただ漠然として命を抽象概念のように考えている。

私が、「命とは何でしょうか」と皆様に質問したとします。皆様は立ったり、座ったり、動いたり、走ったりすることだと言うでしょう。これが概念です。本当の命とは心臓が動いていることです。これがリビングです。正確に言いますと、ザ・リビングです。ザ・リビングというのが本当の命です。これだけがあるのです。

ザ・リビングが皆様の本体です。固有名詞の人間はどうでもいいのです。心臓が動いていることが皆様の命の本体です。加藤さんという固有名詞の人間は抜け殻です。これを本当の自分だと思っているから、死ななければならないのです。

心臓が動いていることが自分の本体だということが分かりますと、イエスの復活の命がはっきり分かるのです。イエスが復活したとはどういうことかが分かるのです。

心臓が動いていることが死なない命のしるしです。心臓は、オギャーとこの世に生まれた瞬間から、今もなお動いているのです。一度も止まったことがないのです。

心臓が動いているということが、後天的ではない命、先天的な死なない命のシンボルになるのです。心臓が動いていることの実体を見つけたらいいのです。

皆様の心臓が動いているということは、神の命で動いているのです。自分の命ではないのです。神の命が心に宿っているのです。このことに気がついたらいいのです。

神とは何か、人が存在しているということが神です。ありてあるということです。有りて在るのです。有なり在なりです。これが皆様の本体です。固有名詞の自分ではないのです。

存在と命とは同じものです。存在と命は裏表の関係で同じものです。これが皆様の本体です。固有名詞の自分がいるのではありません。平明な気持ちになったら分かるのです。死んだら負けです。いくらお金を儲けても、何億円の生命保険に入っても、死んだら負けです。絶対に死んだらいけないのです。

皆様は現在、死なない命を持っているのです。オギャーと生まれた時から心臓が動いていますから、この命を本当に悟ったらいいのです。そのためには、イエスを勉強しなければならないいのです。これは仕方がないのです。

これはキリスト教の勉強をするのではありません。イエス自身を捉まえるのです。イエス・キリスト様を信じるのではない。イエスという男を掴まえるのです。

カトリックのキリスト様は金縁の額に入っているからいけないのです。額縁に入っているキリストは小便をしないキリストです。これは宗教概念のキリストです。小便をするキリストを掴まえなかったらいけないのです。

男性は女性に惚れた経験があるでしょう。その経験を生かして頂きたいのです。神に惚れるのです。神は現在、皆様に惚れているのです。神が皆様に惚れているのに、皆様はそれに対して全然快く思わないのです。もったいないことです。

全知全能の神が皆様に惚れていることが分からないのでしょうか。神が皆様に惚れている証拠に花が咲いているのです。

神は花を咲かせて、おいしいものを食べさせて、皆様を喜ばせようとしているのです。神が皆様の魂にどれだけ惚れているかです。

花が咲いていることは、神のラブコールです。神が愛の信号を送っているのです。マグロの味、鯛の味、牛肉の味、果物の味は、五官を通して、人の魂に呼びかけているのです。

五官は人間と神との媒体をしているのです。聴覚、視覚、味覚は、神のラブコールを皆様の魂に伝達しているのです。

鰻屋さんの前を通れば、おいしそうなにおいがします。神のラブコールが分かるのです。こんなに神が皆様にラブコールしているのに、人間は全然気が付かないのです。悪いのは人間です。人間が現世に生きていたら、神の愛をはっきり受け止めるはずです。ところが、受け止められていない。肉の思いで生きているから、受け止められていないのです。

肉の思いは死です。皆様の常識が皆様の魂を殺しているのです。どんな上等な常識でもだめです。この世に通用するものは、神には通用しないからです。神に通用するものは、この世に通用しないのです。

私はこの世に通用しないことをお話ししているのです。この世に通用しない神の思想を申し上げているのです。

この世と神の国とは根本が違います。死ぬべき命と死なない命とは、根本的に了見が違います。私の方から神の思想を値下げしてお話ししたら分かりやすいのですが、値下げすると、宗数になってしまうのです。

宗教になったら皆様はすぐに分かるのです。キリスト教のようなことを言えば良いのですから、皆様は大歓迎するでしょう。その代わりに、皆様は本当の命を掴まえられなくなるのです。

肉の思いで生きていたら、必ず死んでしまうのです。皆様は赤ん坊です。皆様は自分が赤ん坊だということが分からないのです。

皆様は分かっていると思っているのです。いろいろなことを経験したと思っています。これが間違っているのです。五十歳の方は五十年の人生があると思っています。五十年間生きてきたと思っています。これが間違っているのです。人間が生きているのは、瞬間、瞬間です。瞬間しか生きていないのです。

人間は毎日生きているということを通して、本当に素晴らしいことを教えられているのです。神から教えられているのです。

16. 彼岸

般若心経は、彼岸へ渡ると言っているのですが、彼岸へ渡るというのは、こちら岸ではない向こう岸へ渡ることを言っているのです。般若波羅蜜多というのは、向こう岸へ渡る知恵のことを言っているのです。

ところが、般若心経を読んでいながら、向こう岸へ渡っている人は、一人もいないのです。こういうことが、なぜ起きるのでしょうか。向こう岸へ渡るというのは、死なない命を見つけて入ることです。死なない命があることを、はっきり言明している人は、今の日本には、一人もいないのです。

命の本質が、全然分かっていないのです。分かろうとしないから、分からないのです。分かろうとすれば、命の本質ぐらいのことは、誰でもすぐに分かるのです。生きている状態を見れば、分かるのです。

目がどのように働いているのか。目は空《くう》を見ているのです。形がないものを見ているのです。例えば、ごちそうを見ると、うまそうだと思えるのです。電気ストーブを見ると、あたたかそうだと思う。

おいしそうだ、あたたかそうだというのは、空です。目に見えないもので、空です。それを目は見ているのです。霊魂は、そういう微妙な働きをしているのです。

魂を少し落ちついて考えてみれば、死なない命を見つけ出すことぐらいのことは、何でもないのです。現に、五官は、命の本質を見きわめるだけの能力を、十分に持っているのです。現在生きている人は、この世に生まれてきた後の人ですが、この世に生きてきたということは、生まれる前の命の種があったから、生まれてきたのです。生まれる前の命の種とは、生まれるべき原因です。この原因がなかったら、生まれてきたという結果は、発生しないのです。

その原因は何であったのか。人間がこの世へ生まれてくるべき原因が何であったのか。この世に生まれてくる前の命の本質が、五官の本体です。目の働き、舌の働きが、人の魂の中心になっているのです。だから、それを見れば、生まれる前の命、死なない命が、分かるに決まっているのです。

そのためには、現在生きている人間の考え違いを、根本的に修正する必要があるのです。これが、般若波羅蜜多です。この世に生まれてから後の考えを、根本から捨ててしまうことです。五蘊皆空とは、それを言っているのです。

自分の命を捨てるのではありません。自分の考えを捨てるのです。つまり、死ぬべき命を自分のものだと考えているから、死ぬのです。

この考え方を捨ててしまえば、死なない命が分かるに決まっているのです。それが五蘊皆空の原理です。般若波羅蜜多とは、そのことです。

人がこの世に生まれてきた時の命は、死なない命でした。ところが、この世でだんだん大きくなって、大人になった結果、だめになったのです。

大人の知恵というのは、曲がりくねっているのです。常識、知識で、人の頭は固まってしまっているのです。それが迷いの根本です。

命が分かっていないのです。仕事のこと、家族のこと、自分の生活のことで、頭が一杯です。そういう状態では、命の本質は、全然分かりません。

自分が生きていると考えている。これが、根本から間違っているのです。命は人のものではないのです。天のものです。この世に生まれてきたのは、業《ごう》を背負いこんだことです。

生まれてきた、生きているということは、人間の業です。それを果たしてしまわなければ、本当の命は分かりません。果たすというと大げさに聞こえますけれど、業というのは、考え違いのことです。

自分が生きていると考えていることが、人間の業です。自分が幸せになりたいと考えている。それを捨ててしまうのです。捨ててしまえば、色即是空が本当に分かります。色即是空ということが本当に分かれば、業はさらっと消えてしまうのです。

そうすると、初めて、迷いでない、本当の命が見えてくるのです。命を捨てるのではないのです。自分の考え違いを捨てるのですから、あたりまえのことです。

ところが、これができないのです。だから、みすみす死ななくてもいいものを、死んでしまわなければならないことになるのです。

死んだ後に、霊魂の裁きがあるから、困るのです。死んでしまうだけなら何でもないのですが、現世に命を持ってきたものが、その命を正しく生きていないということは、命を冒涜していることになるのです。命を冒涜しているものは、それに対する重大な責任を追及されることになるのです。これが困るのです。

人間は、生きているつもりで、実は死の方向に近づいているのです。自然現象として、死んでいくのは、あたりまえです。

ところが、現代文明は、肉体が死んでいく方向に向っているのではなくて、霊魂が滅亡する方向に向かっているのです。

文明は実にばかなことをしているのであって、六千年の間、人間は文明社会を造ってきたのですが、何をしてきたのかを端的に言いますと、死ぬことばかりに熱心であったということになってしまうのです。これは皮肉ではないのです。

人間は、生活するために、一所懸命になってきました。特に日本人は、その傾向が強いのです。それから、知性を発するために、一所懸命に考えてきました。この二つの方向が、両方共、間違っていたのです。この二つが、必然的に人間の霊魂を殺してしまうのです。

釈尊は、仏を説いたのです。

仏とは何かと言いますと、悟ることです。「仏とは　たが言いにけん白玉の　糸のもつれをほとくなりけり」という道歌があります。糸のもつれのほとけなりけりという言い方もあります。

白玉の糸のもつれというのは、人間の命に関する考え方が、錯綜している状態、こんがらがっている状態をいうのです。人間の生命、生きている意識がこんがらがっているので、何のために生きているのか、何をすればいいのか、さっぱり分からなくなってしまっている。

そのために、糸のもつれをほとくことが、仏でありまして、サンスクリットで、ブッダと言っています。これは正覚すること、正覚した者をさすのです。

これは、解脱という事になります。何を解脱するのかと言いますと、人間が生まれてから、今日まで経験してきた人生を、解脱するのです。

四十年、五十年と、一所懸命に人生を経験してきました。これを、もう一度、解脱しなければならない。へたな経験をするくらいなら、初めからそういう人生経験をしなかった方がいいのです。

なぜそんなことになるかと言いますと、人は現在、生きています。これは、命を経験していることです。ところが、命とはどういうものかということになりますと、さっぱり分からない。命を経験するために生きていながら、命がさっぱり分からない。経験の仕方が、間違っているからです。これを解脱するのです。

人間がこの世に生まれてきたのは、試行錯誤のためです。試行錯誤とは、ああでもない、こうでもないと、何回でもやり直してみる事です。人生は、やりそこないを修正するために、生きているのだと言ってもいいのです。

ところが、自分が経験してきた人生を、解脱することがなかなかできない。解脱しなければ本物にならないのに、解脱することを嫌がっているために、みすみす、魂は、地獄の責め苦を受けなければならないことになるのです。

地獄の責め苦という言い方は、非常に古風ですが、正確です。命を経験していながら、命が分からない人は、地獄の責め苦に十分に価するのです。命が分からないのは、生き方が間違っているからです。

人間は、自分の命があると考えている。そんなものは、絶対にないのです。命は人間が造るものではない。個人の命があるのではない。命は地球に、一つあるだけです。宇宙に一つあるだけと言った方がよいかもしれませんが、とにかく、命は一つしかないのです。それを、自分の命があると考えている。

つまり、命に対する根本的な考え違いが、人間の常識の土台に渦巻いている。わだかまっているのです。

そのような考え違いを土台にして、考えていますから、人間が学問をすればするほど、だんだんばかになるのです。これはおかしなことです。人間が、社会的に利口になればなるほど、霊的に愚かになるのです。そうして、せっかく与えられた命を、失ってしまうのです。

釈尊は、仏を説いたのです。仏とは、ほとけることです。こんがらがった人間の考えを、ほどいてしまうことです。

仏という言葉の基本的な原理を、簡単明瞭に言いますと、空《くう》という字になるのです。色即是空の空です。五蘊皆空の空です。般若心経は、この空という字と、無という字とで、成立しているのです。これが、実は、釈尊の本来の面目です。

釈尊は、今生きている人間の在り方は、空であると言っている。なぜそう言ったのかと言いますと、明けの明星を見たからです。言い伝えられた所によりますと、彼は、明けの明星を見て、悠然と大悟したことになっているのです。

明けの明星は、太陽が出る前に、暁の闇を破ってきらめき出す、いわゆる明星ですが、太陽が出る前の星のことです。明けの明星が出れば、まもなく、太陽が出るに決まっているのです。明けの明星を見た時、釈尊は、どのように感じたのか。恐らく彼は、明星は太陽の前に出るものですから、彼が悟ったことは、やがて、太陽が出るだろうということを感じたのです。太陽が出るということは、明々白々な真実の世界が現われるということです。

現在、人間が生きている世界は、闇の世界である。仮の世界である。本当の世界ではない。地球も、人間も、仮の存在でしかない。

釈尊は、やがて現わるべき本当の世界から見れば、今、人間が生きているあり方は、根本から空であることを、非常に強く直感したのです。

彼は、本当の実を悟ったので、反面的な意味で、人間が現象的に生きていることは、空であると言わざるを得なかったのです。明星によって、彼は実を見た。そこで、現在生きている人間の状態が空であると言ったのは、当然です。

釈尊が、人間が空であると言ったのは、言っただけの明確な信念があったに決まっているのです。それは、イエスが現われる、約五百年前の話です。

釈尊が見た明けの明星は、非常に大きい宇宙的な意味があるようで、これが、現在の宗教界では、全然分かっていないのです。

新約聖書マタイによる福音書二章で、東方の学者が明星を見て、イエスの誕生を拝みにきたという記事があります。これと、釈尊が見た明星とは、何かの形で、十分につながらなければならない理由が存在するように思われるのです。人の魂に、明星が出る時に、命の本当の姿が分かるのです。

現在の人間は、現世が本物だと思い込んでいるのです。ところが、現在生きている人間は、必ず死ぬに決まっているのです。

命には、根本的に相反する二つのものがあります。絶対に死ぬに決まっている命と、絶対に死なない命です。

人間が、常識的に経験している命は、絶対に死ぬに決まっている命です。常識的に生きている人は、必ず死にます。これは、空なる命です。

ところが、直観的に、潜在意識に感じている命は、死なない命です。これが分からないのです。直観的に、潜在的に感じている命は、死ぬべきはずがないという心が、はっきりとあるのです。

宗教ができたのは、実は、死なない命があることを、人間の霊魂が潜在的に知っているからです。そこで、宗教ができるのです。

ところが、できた宗教が間違っているのです。なぜ間違っているのかと言いますと、理屈をごちゃごちゃつけるからです。理屈をつけて、せっかくの釈尊の悟りを、全部無意味にしているのです。

釈尊は、人間が空であると言ったのです。一切空、五蘊皆空、般若波羅蜜多が、釈尊の悟りの実体です。人間は色々な思いでこんがらがっているのです。これが、全部ほとけることです。人間の経験がほとけることです。とけて、流れてしまう。そうして、あとに残ったのは、本当の命だけです。これが解脱です。

釈尊は、やがて現わるべき太陽を言いたかった、説きたかったが、その太陽がどういうものか、言えなかったのです。

太陽以前の、明けの明星しか見ていないのですから、太陽がどんな状態で現われるのか、説明ができなかったのです。とにかく、今生きている人間が間違っていることが、分かったのです。そこで、五蘊皆空、色即是空という言い方になったのです。不生不滅、不増不減、不垢不浄と言っているのです。それが、般若心経の精神です。

ところが、あとから、弟子たちが、色々と理屈をつけたのです。如是我聞と言って、たくさんの経典を書いて、分からなくなってしまったのです。空と無が消えて、十二因縁、四諦八正道という、唯識論の理屈が並べられてしまったのです。

般若心経は、十二因縁、四諦八正道を、否定しているのです。無無明亦無無明尽、及至無老死亦無老死尽と言っています。十二因縁をはっきり捨てているのです。無苦集滅道と、四諦を切り捨てているのです。

大乗仏教の、空や無を説いただけでは商売になりにくいので、四諦八正道という、もっともらしい理屈を造ったのですけれど、解脱するのが難しい。どうしたら解脱できるかを、皆が聞くものだから、しょうがないから、四諦八正道という理屈を造ったのです。

釈尊は、そんなことを言わなかったのです。釈尊が言いたかったのは、五蘊皆空です。色即是空です。ところが、人間の常識を基礎にして勉強すればするほど、だんだん間違ってくるのです。この世に生まれてきた命が、本物だと思っているからです。何十年か生活してきた命が、本物だと思っているのです。だから、余計な教学を造るのです。従って、釈尊本来の空、無が浮いてしまって、全然分からなくなってしまっているのです。

人間が生きているのは何のためかと言いますと、現在生きている命が、仮の命であることを知るためです。ところが、人間は、死ぬに決まっている命を、本当の命だと思い込んでいる。特に、近世文明は、それが強いのです。

17. 般若波羅蜜多

般若心経は、現世を解脱した人間の経験を、そのまま述べているのです。般若波羅蜜多ということは、向こうへ渡ってしまうことです。人間が生きている岸ではない、向こうの岸です。向こう岸へ渡ってしまいますと、生きている世界が全然違ってしまうのです。これが般若波羅蜜多です。

般若心経を読むのでしたら、これくらいは考えなければいけないのです。般若心経は、この世から出ることができること、この世から出て、この世の外側からこの世をもう一度見直すことができるという、雄大な思想の原点です。

イエスは、自分は人間ではない、生きている神の子だと言っているのです。これはちょっと考えますと、とんでもないことを言ったようですが、実は、心臓が動いていることが神です。目が見えること、手足が自由に動くことが、神です。

イエスは、自分自身の存在を、生きている神の子として位置づけた。それだけのことです。そこで、彼は死なくなったのです。

人が生きていることが神ですから、生きている客観的事実の中へ、自分の気持ちを持ち込んでしまえば、死なない自分が分かるのです。永遠の命を見つけるための新しい世界観の創建は、何でもないことです。誰でもできるのです。しようと思ったら誰でもできるのです。

現在の文明は、完全に行きづまっているのです。いわゆる文明先進国は、皆老化現象を起こしているのです。日本でも、だんだん老人が増えています。ただ年齢がのびて、馬齢を重ねても何もならないのです。

それよりも、生きている年数が三十年であっても、永遠の命を見つけるような世界観を確立すれば、死なない命がはっきり分かるのです。分かるに決まっているのです。

心臓が動いていることが神です。神は死なないに決まっているのです。日本の神は頼りないものです。いわゆる八百万の神は、人間が造った神で、こんなものは神という価値はないのです。

本当の神は人間が造ったものではなくて、人間を造ったものです。

この神を、人間は毎日経験しているのです。神を信じなくても、神を経験しているのです。心臓が動いていることが分かることは、神を経験していることです。これが分かれば、死なない命を見つけることは、何でもないのです。

これを新約聖書では、「悔い改めて福音を信ぜよ」と言っています（マルコによる福音書1・15）。悔い改めるとはこういうことです。キリスト教では、こういう徹底したことを言いません。キリスト教は、欧米のキリスト教の教義を、受け売りしているだけです。本当の聖書を見ていないのです。だから、キリスト教は、はっきり欧米の宗教です。

これに対して、新しい聖書の見方を日本から、教えてあげなければならないのです。日本は新約聖書を公認することが、文明国の中で一番遅かったのです。これが非常におもしろいのです。一番最後まで聖書を認めようとしなかった日本から、本当の聖書の見方が発揚されようとしていることは、偶然ではないのです。

日本人は、キリスト教に対して、非常に懐疑的であった。警戒的であったのです。だから新しい聖書の見方が日本ではできるのです。この意味で、日本という国はおもしろい国です。ユダヤ人と日本人は、非常におもしろいのです。興味津々たる民族です。

日本人は放っておけば、全部死んでしまうのです。日本人だけではなくて、全世界の人間は、全部死んでしまいます。

イエスがどうして死を破ったのか。これが分かれば、死ななくなるのです。

これが分かった者として、黙っているわけにはいかないのです。死ぬのが分かっていながら黙視することができないので、このようなことを言わざるをえないのです。

ある評論家が新聞のコラムに、「日本は病理社会である」と言っていました。日本は今病気にかかっているのです。これは、文明が本当のものではないこと、人間の命が正当に認識されていないことを意味しているのです。

病気に病んでいる日本人には、五蘊皆空が大変な頂門の一針になるのです。人間の思い、常識、知識は間違っているのです。学問に、明確な目的がないのです。人間の生活の役には立ちます。しかし、人間はやがて死ぬに決まっているのです。

般若心経を正しく受けとらないで生きていると、死んでしまうのです。今までの生活を、二十年、三十年続けても、しようがないのです。死ぬだけのことです。死ぬに決まっている自分を、なぜ自分と思い込むのか。人間は現世で生活するために生まれてきたのではありません。人は現世で命を経験するために生まれてきたのです。

生きていることは命を経験することと大関係がありますが、しかし、この世で生活することが目的ではないことを考えなければいけないのです。

釈尊は、この世で生活するために来たのではありません。イエスもそのとおりです。この世で生きていても、しょうがないのです。この世で生きていても、ただ死ぬだけです。これが現代病理の根源です。

般若波羅蜜多をもう一度お考え頂きたいのです。彼岸へ渡る知恵を学ぶ必要があるのです。

私たちは、現在、現世に生きています。生きている以上は、生活を考えないわけにはいきません。しかし生活することは、人間の本当の願いをかなえることにはならないのです。

今、人間が生きているのは、現在という限られた時間帯のものであって、永遠を意味するものではないのです。これは分かりきったことですが分からないのです。人間の本心は死にたくないというのが、偽らざる願いです。

仏教では本願と言っています。本願と言っても、本心と言っても同じですが、死にたくないという願いは何であろうか、なぜ死にたくないと思うのであろうか。

常識的には死なねばならないと考えている。死なねばならないと常識的に考えていながら、死にたくないという願いが非常に強い、欧米人などは死を恐れるという強向が強いのですが、日本人は死ぬのはあたりまえという人が相当います。口では言うけれど、心ではやっぱり死にたくないに決まっているのです。

死にたくないというのは、人間の偽らざる本心であり、本性であり、本質です。ところが、死なねばならないような常識を、持たされている。これはどういうことなのか。死にたくないのなら、死にたくないという本質が、そのまま生活の基本にならなければならないはずです。

ところが、死にたくないという本心が生活の基調にならないで、死なねばならないということが生活の基調になっている。これはどういうことなのでしょうか。

命の本質が正当に理解されれば、死ななくてもいいということが分かるに決まっているのです。

生は本来死ぬべきるのではないのです。死ぬはずがないものが、生です。死なねばならないと考えるのは、肉体的生命の方です。

生の本性を見ていきますと、死ななくてもいいはずです。

霊魂不滅という言葉があります。これは良い意味での不滅と、悪い意味での不滅と、二つの意味があります。簡単に言いますと、魂は神の続き柄、親戚です。人の心理機能は、神にかたどりて造られたもの、神の心理機能がそのまま人に備わっているのです。

ところが、今の人間が神の本質のようなすばらしい聡明さを持っているかというと、そうではないのです。

なぜかと言いますと、人に与えられている魂の能力の五〜六％しか働いていないからです。なぜそうなるのか。人間の脳細胞の九十五％までが、眠っているからです。ここに問題があるのです。人間の業《ごう》という非常に大きな問題があるのです。人間の業によって、脳細胞の多くが眠っているのです。

人間がこの世に生まれてきたのは業です。魂だけなら業はないのですが、魂が肉体を背負いこまされて生きていかなければならない条件をしつけられたことが、業です。

カルマ(業)とは、どうしても死ななければならない肉体を、背負いこまされたということです。ところが、魂は死にたくないという本然性を持っているのです。ここに人生の根本的な矛盾が存在しているのです。

文明は生活することだけしか考えない、文明のアイデアは、現世に生きることを考えている。しかし、人間の本質は、現世に生活するのではなく、現世に生きている間に、すばらしいものを見つけなければならない責任があるのです。

生まれたいと思って生まれたのではないのですが、人は理性と良心を持って生まれている。これはすばらしい尊厳性です。人権どころのさわぎではないのです。

人間の尊厳性は、神の尊厳性と本質的に同じものです。ところが、能力的には天と地の違いがある、なぜかというと、人間は肉体を持っているからです。

人間にそのような尊厳性がありながら、なぜ肉体という厄介なものを押しつけられたのか。これが現在の学問、宗教で、全く分からないのです。

キリスト教は、宗教の教義の説明はします。ところが、人間がなぜ肉体という重荷を背負いこまねばならなかったかという説明ができないのです。

これは宗教上の問題です。どうすれば人間の業を果たすことができるのか。カルマ（業）は人の魂にかせられたノルマです。カルマというノルマがあるのです。これを果たしてしまわなければ死ぬに死ねないのです。

これが人間は直感的に分かっているのです。死にたくないという気持ちは、ノルマを果たしていないからそう思うのです。

死んだらおいしいものが食べられないとか、ビールが飲めないとか、テレビが見れない、家族と別れなければならないということが、死ぬことの決定的につらい原因でもないのです。

死にたくないという気持ちの底には、業がつまっているのです。このまま死んではならないということが、分かっているのです。これが、人間の本心です。本心は本性から来ているのです。

ところが、現代の文明は、人間の本然性を全く問題にしないのです。

人間の本然性を問題にする文明なら、核兵器を造るはずがないのです。教育の混乱が起こるはずがない。経済の行きづまりが起こるはずがないのです。起こるはずのない問題が、続々と起こっている。これはすべて、文明が重大な矛盾を内在していることから起こってくるのです。

文明は、人間の本然性を考えないで、生活のことばかりを考えている。あらゆる学問は、生活のためには役立ちますが、本当の命のためには、全く役立たないのです。病気を治す医学でさえも、病気は治しますが、命の保障はできないのです。

命とは何か。命の淵源は何か、人間が生きているとはどういうことなのかが分からない。病気は治しますが、死なねばならないことにかわりはないのです。これが現代文明の病理です。人間の本然性を全く問題にしていないからです。

18．観自在

「観自在菩薩　行深般若波羅蜜多時」と般若心経にありますが、観自在の自在というのは、おのずから在るということと、初めから在るということの二つの意味があるのです。

初めから在るというのは、皆様がこの世に生まれる前をいうのです。皆様の五官の感覚は、皆様が生まれる前の感覚です。生まれる前の感覚が、肉体を持ってこの世に生まれてきました。これが人間の業《ごう》です。

生まれる前の感覚が、肉体的な感覚になった、これが生まれたということです。生まれる前の霊魂が、肉体に化けて生まれたのです。ところが、般若心経に五蘊皆空、色即是空とあるのです。

五蘊皆空というのは人間の思いは皆間違っているというのです。これが般若心経を読んでいる人にさっぱり分からないのです。なぜ分からないのかと言いますと、般若心経を仏教の経典だと思っているからです。仏教の経典だと考えていますと、般若心経が何を言おうと宗教だと思ってしまうのです。

宗教は日本の憲法が言っていますように、信教の自由ですから、信じても良いし、信じなくても良い。どちらでも良いとなるのです。般若心経に五蘊皆空と書いてあっても、究竟涅槃と書いてあっても、宗教だと考えてしまうのです。その結果、般若心経の言々句々が軽く扱われてしまうのです。

色即是空、空即是色と言っていても、これは般若心経の文句だから、これを真剣に考える必要はないと考えてしまうのです。これが宗教の悪さです。

般若心経は宗教の経典ではありません。人間の考えが間違っているというのは、決して宗教ではありません。ところが、般若心経を宗教の経典だと思っているために、般若心経の真実の警告、忠告に耳を傾けようとしないのです。これが宗教の悪さです。文明の悪さです。

宗教は文明の一翼であって、宗教主義、人権主義、政治経済は現代文明のアイデアです。こういうアイデアが人間の命をめちゃくちゃにしているのです。頭はだんだん良くなるが、心がだんだん腐っていくのです。その結果、生きていながら命が分らない状態になってしまったのです。

今の日本に宗教ではない命のことをはっきりいう人がいないのです。ことに般若心経と聖書は今までの既成宗教で考えても、これを一つにして勉強することはなかったのです。私は般若心経と聖書を一つにした結果、本当のことが分かったのです。私は当たり前のことを当たり前に言っているだけのことです。

宗教ではないのなら何をしているのか。真面目な意味での魂のボランティアをしているのです。体の不自由な人には案内をするボランティアがいります。今の日本人は霊魂が盲目になっていますから、こういう人には霊魂の目の開き方、霊魂の悟りの捉え方を教えるボランティアがいるのです。ふつつかな私ですが、その役を買って出ているのです。

般若心経は色即是空と言っています。色《しき》というのは目に見える形のことでありまして、物として存在するものは皆色《いろ》がありますので、色という言い方で物質のすべてを現わしているのです。

物質存在というのは本当にあるのかどうかです。現在では中学生でも、物理運動がある、原子の活動があるから物資があるということを勉強しているのです。物質、物体があるのではない。物用運動が物体を形造っているのです。

形造ることがなぜ必要なのか。形造るということで表現しなければ、物の本質を人間の心にアピールすることができないからです。

人間は肉体を持って生まれたので、肉体的な意味での五官の感覚に捉われてしまっているのです。肉体の五官という感覚は生活感覚です。

ところが、生活感覚と生活意識とは違うのです。生活感覚は甘いものを甘いと感じるのです。ところが、お菓子を食べている、果物を食べているとなると意識の問題になるのです。

感覚と意識とはよく似ているようですが、違うのです。感覚は生まれる前の命の伝承です。大自然にはおのずからの命があるのです。おのずからの命が五官になって感覚が発生するのです。感覚はおのずからの命を正確に認識しています。甘いとか辛いとかいう感覚は百人が百人、万人が万人共、同様の感覚を持っています。

生まれる前の感覚は万人一様です。全世界の人間は万人一様の感覚を持っているのです。この世に生きている人間だけを考えますと万人一様ではありません。百人百様の、気持ちで生きているのです。このように人間の意識は一人ひとり皆違うのです。これが迷いです。

感覚は人類皆同じです。黒人も白人もアジア人も皆同じです。私はかつて世界一周旅行を二回して、色々な国の人と出会ってきました。色々な国の人と話して五官の感覚は世界中の人が同じだということを、はっきり理解することができたのです。

甘いものは誰でも甘いと感じますし、辛いものは辛いと感じるのです。ところが、意識は全然違うのです。

人間の意識が迷いです。本来宇宙は無限無窮の大空間であって、物質があるのかないのか分らない世界です。

太陽系宇宙以外はほとんどガス体です。太陽自体がガス体ですし、海王星、冥王星は、半分はガス体で半分は液体のようです。従って、時間、空間が厳然として存在しているのは、地球とその近くの惑星だけです。

本来宇宙全体は無始無終であって、時間空間はありません。ところが、地球にだけは時間、空間が整然として存在しているのです。ここに般若心経が持っている色即是空、空即是色という重大な意味があるのです。

こういうことは現在の学問では取り上げないのです。ユダヤ人が取り上げないようにしているからです。現在の白人文明がそういう姿勢を造っているからです。

時間、空間は何であるのか。今の学問では時間があるということを証明できないのです。物理運動はありますが、物質はないというのが、現在の理物理学の考え方です。

原子爆弾ができたことが、物質が存在していないことを証明しているのです。もし物質が厳然として存在するなら、原子爆弾ができないのです。ですから、色即是空は当たり前のことを言っているのです。物質が空であることは当たり前のことです。

それではなぜ空であるものが存在するのかと言いますと、人間の業《ごう》に非常に大きい関係があるのです。電子の運動がなかったら物質があるべき道理がないのです。これは皆様がよくご承知のはずです。原子の運動はありますけれど、物質はないのです。これが皆様の生命認識の根底に、重大な関係があるのです。

物質がないということが皆様にはっきり分かりますと、死なない命が分かるのです。イエスが死を破ったというのは歴史的事実です。日曜日はイエスが死を破った復活記念日です。日曜日の本義が今の日本人に全然分かっていないのです。アメリカ人にも分かっていません。アメリカ人は宗教行事として日曜日が分かっていますけれど、日曜日の本質についてはほとんど無関心です。

宇宙は本来物がない世界です。時間、空間がなく、無始無終の世界です。無限無窮です。これが大学宙の本質です。ところが、地球だけに森羅万象が存在している。

地球は宇宙の特殊現象です。このような特殊現象が太陽系宇宙にどうして存在しているのか。このことを知るためには、どうしてもキリスト教ではない聖書を勉強しなければならないのです。今の学問ではだめです。時間空間の本質が説明できないからです。

皆様は死にたくないに決まっていますけれど、他方死ななければならないと思っているでしょう。これは命に関する意識が束縛されていることを示しているのです。

死にたくないという方向で自分の命を見ればいいのです。観自在菩薩というのは、そのやり方の一つの方法です。死にたくないと思われるなら、はっきり死にたくないと考えてください。自分の口で言ってください。

自分の本心に向かって死にたくないと言ってください。この気持ちを貫き通すような勇気があれば、死なない命を見つけることができるのです。

死を破った男がいるのです。死を破った人間がいる以上、皆様も死なない命を見つけることができるに決まっているのです。私はそれが分かっているからこうしてお話ししているのです。ただ考え方を変えたらいいのです。これは観念論ではありません。意識を転換したらいいのです。死ななければならないという生命意識を変えてしまうのです。本来の生活感覚と同じような意識を持ったらいいのです。

皆様が甘いと思うことは誰でも甘いと感じるのです。これは本来の感覚です。仏典はこれを自性と言っているのです。

本来の人間の命の本質は死なない命のあり方を直感的に知っているのです。これが甘いと感じることです。甘いと感じるのは、肉体ではなくて魂で感じているのです。これが分かりますと、般若心経の究竟涅槃がよく分かるのです。

これが分かりますと、皆様は死なねばならないという意識から解放されて、死なない命をはっきり掴まえることができるのです。

般若心経に涅槃という言葉があります。涅槃というのはサンスクリットのニルバーナーという言葉からきていまして、冷えて消えてなくなることをいうのです。

人間で言えば死んでしまうことです。これを涅槃と言っているのです。例えば、蝋燭の火が一陣の風によって、ふっと消えてしまうことを涅槃というのです。

皆様の生活意識は蝋燭の火のようなものです。皆様は今、自分が生きていると考えています。自分が生きているというのは、現世における概念であって、常識です。これは必ず消えてしまうに決まっています。

消えてしまうまでに、つまり目が黒いうちに、消えない火を見つけることが絶対必要です。

ボランティアの目的は何かと言いますと、魂の火をともすことです。魂の火をともすということは、皆様が現在生きているうちに、消えない火をともすという意味です。死なない命を見つけることです。

今までの世界観ではない新しい世界観を持って頂くことです。世界観というと難しく聞こえますが、物の見方ということです。

皆様は現象世界があると考えて生きています。だから死んでしまうのです。ただ今の人間の生活意識によれば現象世界は厳存しています。

人間の生活意識は変化するのです。固定したものではありません。目に見えるとおりのものがあるというのは、考え方でありまして、見えてはいるけれども実は存在していないというのが、釈尊の考え方です。

現在の学校教育が、皆様に目に見えているとおりのものがあるという意識を植え付けてしまったのです。昔の日本人はそう考えなかったのです。千利休は一期一会をお茶の原理にしているのです。これは見ているとおりのものがあるという考え方とは違います。

今生きているこの瞬間しかないということをはっきり認識する時に、本当のお茶を飲む喜びが湧いてくるのです。これは五十歳の方が五十年生きてきたという考え方とは違うのです。人間は瞬間、瞬間生きているのです。こういう真面目な生き方をする人が、かつての日本にはいたのです。

徳川家康は戦国時代の武将でしたが、「厭離穢土欣求浄土」という軍旗を立てて戦争をしていたのです。厭離穢土はこの世は汚れているから私は嫌いだ。だから、浄土を求めると言っていたのです。

武将でありながら、「厭離穢土欣求浄土」という馬印を立てて闘っていたのは、日本人だけです。これが日本民族が持つ特性です。

徳川幕府三百年の間に、日本人の世界観ががらっと塗り替えられてしまったのです。

ユダヤ人が人類の世界観を塗り替えたように、家康と十五代の将軍が、日本人の世界観を変えたのです。人間を士農工商の四つに分けて、封建制度を徹底させたために、日本人の常識のあり方が根本から変わってしまったのです。

家康は武将でありながら、「厭離穢土欣求浄土」という旅を立てていたのですが、こういう感覚が今の日本に見られなくなったのです。

日本では明治の文明開化以降、ユダヤ主義が氾濫しているのです。文明開化という思想は、はっきりユダヤ主義です。この感覚が日本に氾濫したために、日本が文明的に塗り替えられたのです。本当の人間のあり方が消えてしまって、文明思想が真正面に立ったのです。

歴史が隠されてしまって、文明が浮かび上がったのです。文明という言葉と歴史とは全く別のものです。今の学者は文明と歴史とがどのような係わりを持つのかということが分からないのです。

今の学者は皆ノーベル賞を欲しがっているのです。ノーベル賞をもらえば世界的な学者になるからです。ノーベルはダイナマイトを発明したユダヤ人です。ユダヤ人に褒めてもらわなければならないというのが、現在の学者の根性です。

文明がこのようになっているのです。アメリカも文明の悪さによって塗り替えられたのです。

アメリカには本当のキリストはありません。本当の聖書もありません。アメリカにあるのはキリスト教の聖書であって、キリスト教の信心はあります。これは全部西洋の宗教です。

聖書はキリスト教の教典ではありません。キリスト教が説いているキリストは、宗教のキリストです。これを日本人に押しつけているのです。

聖書は宗教ではありません。神の言葉です。キリスト教の人々には神の言葉という意味が分らないのです。キリスト教の人々も聖書は神の言葉だと言いますけれど、神の言葉と宗教がどう違うのかという説明ができないのです。

聖書はキリストを信じるためにあるのですが、キリストという言葉の使い方が間違っているのです。キリストというのは、神が地球を造って人間を完成するための計画です。

地球と人間を完成するための地球計画が、キリストです。今の地球は未完成です。今の人間も未完成です。まだ一人前の人間ではないのです。だから、命が分らないのです。見ているということがどういうことなのか。その説明ができないのです。

神とは何かということを簡単明瞭に申しますと、心臓が動いていることです。これが生ける神です。リビングゴッド（living God）です。リビング（living）という事実が神です。目が見えるということがリビングという事実です。耳が聞こえること、五官の働きは、命のあり方を正確に表現しているのです。皆様は五官によって命を経験しているのです。

五官によって命を経験していながら、生活の意識が間違っているのです。生活意識が間違っ

ているために、命が分からないのです

現在の皆様の考えのままでは、聖書をいくら読んでも分かりません。「心が貧しい人たちは、さいわいである」とイエスは言っていますが（マタイによる福音書5・3）、何のことか分からないのです。神の御霊《みたま》によって教えられないと分からないのです。

聖書は神の言葉ですから、神に教えてもらわないと分からないのです。人に教えてもらっても分からないのです。

キリスト教の牧師さん、神父さんは人間です。だから、キリスト教は商売になっているのです。キリスト教は宗教を教えていますが、聖書を教えていないのです。

聖書は命の言葉そのものです。般若心経が悟りそのものであるように、聖書は命そのものです。聖書を信じるということは、人間の常識を持ったままではできないのです。信じているつもりでも皆間違っているのです。

パウロはこのことを、「心を更えて新にせよ」と言っているのです（ローマ人への手紙12・2）。「心の深みまで新にされる」と言っているのです（エペソ人への手紙4・24）。

イエスは、「悔い改めて福音を信ぜよ」と言っているのです（マルコによる福音書1・15）。悔い改めるとはどういうことかが、キリスト教では全然分かっていないのです。

人間の意識構造を全く変えてしまうことです。マインドを全くやり変えてしまうことです。「心を新にすることによって、造り変えられる」とパウロが言っていますが（ローマ人への手紙12・2）、この箇所を英沢では、but be ye transformed by the renewing of your mindとなっています。

マインドのあり方を新しくして、もう一回出直せと言っているのです。マインドの働きを出直してやり直すということは、究竟涅槃しかないのです。

イエスをまともに信じるためには、涅槃をまず実行しなければだめです。命が自分のものだと考えている状態のままで、いくら聖書を信じてもだめです。

命は皆様のものではないのです。天から預けられたものです。皆様は自分で生まれたいと思って生まれたのではありません。従って、皆様の命は皆様自身のものではありません。これが分からないとキリストが信じられないのです。

信じたつもりでいても、それはキリスト教の教義、概念を信じているのであって、キリストを信じたことにはならないのです。

水と霊とによって新に生まれるとはどういうことか。霊から生まれるとはどういうことか。神の国に入るとはどういうことか。これが分かっていないのです。

従って、本当に五蘊皆空、色即是空、空即是色、究竟涅槃という般若心経の精神が実行されないのでしたら、聖書はとても信じられません。信じた格好をしても本当の信仰にはなっていないのです。

般若心経には悟りがあります。悟りとは自分自身が消えてしまうことです。これが般若心経の命題です。般若心経を踏み台にして聖書を見なければ、本当の聖書は分からないのです。

普通の人間が聖書を信じることは、絶対できません。しているつもりでもそれは無効です。神の前には、キリスト教の宗教観念は一切通用しません。

お寺の信心とかキリスト教の信仰はこの世のことです。皆様がこの世を去ってしまいますと、お寺も教会もない所へ行くのです。教会がある所では教会の信仰は役に立つかもしれません。お寺のある所ではお寺の信心は役に立つでしょう。

しかし、死んでから寺や教会が言うことが役に立つのでしょうか。宗教をいくら信じても、死んだ後には神の前に行くのですから、役に立たないのです。神の前に通用することを考えますと、皆様の本当の霊魂の状感を、掴まえていなければいけないのです。そうしなければ、神の前に立つことができないのです。

神の前は厳粛な事実です。厳然たる事実です。神の前に立つためにはどうするのか。何をどうしたらよいかを聖書に基づいてお話ししているのです。これが魂のボランティアです。日本にはこういう役割をする人がどうしても必要です。日本人は神の聖書を知らないのですから、これを教える人がいるのです。キリスト教の聖書は知っていますが、神から直接教えられた聖書は知らないのです。

だから、天皇制の意味が分からないのです。これがさっぱり分からないのです。天皇陛下ご自身がご存知ないのです。

日本人が持っている常識はあやふやなものばかりです。人間とは何であるかを知らないのです。皆様は五十年、六十年の生活を送ってきました。数十年間の間、家庭生活を送ってきました。それで家庭が分かったのでしょうか。家庭とは何かが分かったのでしょうか。人間の性とは何かが分かったのでしょうか。この世の常識を掴まえたままで、人間の性の根本は絶対に分かりません。

神の聖書を見たらすぐに分かるのです。本当の命、死なない命はあるのです。本当の性はあるのですが、それが分かっていないのです。

祈りというのは神と人との対話、コミュニケーションです。神の心境が分からなければ、神と対話できないのです。釈尊の本当の空を悟った後に、神と対話することができるのです。心臓が動いていることが神ですから、これを掴まえて頂きたいのです。

イエスが、「水からと霊とから新に生まれて神の国に入れ」と言っています（ヨハネによる福音書3・5）。水から生まれること、霊から生まれることです。そして、神の国に入るのです。これをイエスが命令しているのです。

般若心経は空じることを目的にしています。日本の仏教は空じるのではなくて、自分が救われること、自分が幸せになること、死後が安楽になることを考えているのです。

いわゆる後生安楽という思想が空です。これは五蘊の中に入るのです。人間が常識によって考えている仏国浄土とか、天国というものは全部間違いです。

イエスは死んでから天国へ入るということを一切言っていません。現世に生きているままの状態で、天にいます父の御心を行う者だけが、天国へ入ると言っているのです。現在生きている状態のままで、天の父の御心を行う者だけが、天国へ入ると言っているのです。死んでから入るとは言っていないのです。

天国へ入るのは皆様が目の黒いうちに入るのです。イエスが言った天国の他に、永遠の命はどこにもないのです。

仏典には永遠の命のことが書いていません。大乗仏典の一万七千六百巻の経文の中に、魂という文字がないのです。仏国浄土という思想はあります。阿弥陀如来のいわれを心得て、念仏申すならと言っているのです。

ところが、阿弥陀如来の名号を心得て念仏申すということが、今の他力本願にはありません。そういうことを教えていないのです。従って、宗教はだめだと言わざるを得ないのです。

経典に書いてあること、聖書に書いてあることを、寺も教会も実行していないのです。現代文明によって人間の心が腐っていると言いましたが、文明によって人間が洗脳されてしまったのです。ユダヤ人問題を勉強している人がめったにいないのです。ユダヤ人が何をしているのか分からないのです。だから人類全体が絶対に死んでいく命を、堅く固く、硬く、本当の命だと思い込まされているのです。

19. 彼岸と此岸

彼岸という言葉が仏典にあります。これは此岸と対称されるものでありまして、聖書的に言いますと彼岸は神の国になります。あるいは神の王国と言ってもいいのです。

此岸はこの世です。この世から神の国へ移ることが必要です。現在生きている人間世界から、理想世界へ移るのです。これが般若波羅蜜多ということです。

此岸と彼岸がどういう関係になるのかと言いますと、岸というのは国、または社会という意味です。目に見えている森羅万象の世界は、目に見えないものによって造られているのです。新約聖書ヘブル人への手紙の第一章三節に、「見えるものは現われているものから出てきたのではない」とあります。目に見えないものとは聖書的に言いますと、霊なることという意味です。

此岸というのは肉なる国です。皆様は肉体的に生きていると思い込んでいますが、実は肉体という考え方は、般若心経では色と言っているのです。

色即是空と言っていますように、色なるものは空だと言っているのです。色は空と同じものだと言っているのです。そしてまた、空即是色と言っているのです。

色即是空であり空即是色ですから、色も空も同じことである。彼岸も此岸も同じことであるとなるのです。これは思想としては分かりますけれど、肉の世界と霊の世界が一つであるというのはどういうことなのか。

皆様の肉体はないのです。空なるものです。ところが、空であるということが、皆様の肉体があるということになるのです。

皆様の肉体はないという見方と、あるという見方とどちらも正しいのだということを言っているのです。これを理論的に、科学的にはっきり認識すれば、この世の中は一つしかないことが分かるのです。

ところが、宗教ではこれが説明できないのです。宗教ではない般若心経、宗教ではない聖書なら説明できるのです。本当の命が分かり、命の目が開かれますと分かるのです。

命の目というのは、肉のものを見る面と、雲のものを見る面と両方の面を持っているのです。自分の霊魂にはっきり目覚めさえすれば、皆様の霊魂は、目に見える世界と、目に見えない世界とを一つの事がらとして、しっかり捉えるという考え方を持つことができるのです。

聖書はこれを信仰と言っているのです。イエスはこれを実行したのです。イエスは信仰によって生きたのです。信仰によって生きると、肉の世界と霊の世界が、はっきり一つのものとして受け止められるのです。

キリスト教はだめです。いくらキリスト教を勉強してもだめです。本当の意味での聖書はあるのですが、今の宗教では分からないのです。カトリック教会とかプロテスタント教会は、文明構造の一翼としてあるのであって、こういうものではとてもまともな聖書の見方はできません。

従って、霊と肉とは一つであるという説明は絶対にできないのです。色が仏教では色即是空の説明は何とかできますが、空即是色の説明が全くできないのです。空であると決まっているなら、なぜ空であるものが色になって現われているのかということです。この説明ができないのです。

一切空と言って力んでいるお坊さんがいますけれど、一切空と言ってみたところで、空である自分がお腹がすいてご飯を食べているのです。

「悟りつつ　身はなきものと思えども　雪の降る日は寒くもあるかな」という歌がありますが、これが分からないのです。肉体が空だと思っている自分と、寒いと思っている自分とがどういう関係にあるのかということです。この説明が仏教ではできないのです。

宗教はどれもこれもいんちきばかりです。ところが、宗教の門から入らなければ、般若心経や聖書に出会うことができないのです。般若心経や聖書を皆様に紹介するという意味では、宗教も幾分かの効力があると言えるかもしれないのです。

もしキリスト教がなかったら、聖書が今日まで伝承されてこなかったと言えるでしょう。聖書を全世界に伝えてきたということは、キリスト教の功績と言えるでしょう。

しかし、聖書をばらまいただけで、とこしえの命が与えられるものではありません。全世界の文明国の人々はほとんど聖書を読んでいるのです。今必要なものはキリスト教ではない聖書の読み方です。これが全世界の人々に教えられなければならないのです。

仏教ではない般若心経の大哲理が述べられなければならないのです。本当の聖書がはっきり説明される時代が来たら、現在の文明とは比較にならない、本当の文明が現われるのです。現われるに決まっているのです。今はその直前になっていると言えるでしょう。

そこで、神が日本に本当の聖書の読み方を教えてくださっているのです。日本が改めて全世界に向かって、本当の聖書の読み方を教えてあげるべきだと思うのです。

光は東方からと言います。日本は世界の極東です。一番早く朝が来るのは日本です。聖書に対する考え方も、一番早く教えられるべきだと思います。

霊の世界も肉の世界も実は一つです。一つですが、その説明ができないのです。今の文明ではこれができないのです。今の文明の厄介にならないような気持ちで、宗教ではない命という場から見ていくという熱心さがあれば、皆様は必ず死なない命を見つけることができるのです。

人間は誰でもおいしいものを食べたいと思っています。なぜそう思うかです。また、性に対してなぜ人間は異常なほどの興味を感じるのかということです。ここに大きな秘密があるのです。

20. 仏教から仏法へ

釈尊は空を説いたのですが、空の本体とは一体何か。物質的現象は実体ではないということが、空という言葉の意味です。ところで、空はからっぽなのかというと、からっぽではないのです。空は恐ろしい実を示しているのです。空という言い方で実を示しているのです。

日本の仏教はすべてご開山の仏教です。ご開山が造り上げた教えが、釈尊の教えのように言われていますけれど、そうではないのです。

空海の教え、伝教大師の教え、親鸞の教え、日蓮の教えはあります。これが日本の仏教になっているのです。これは釈尊の教えそのものではないのです。

般若心経には如是我聞という言葉がありません。釈尊の見解がそのまま書かれているようです。ところが、般若心経が読まれているのは日本だけです。日本以外の国では読まれていないのです。

しかし、般若心経と言えども、本当の釈尊の思想とは言えない所があるのです。釈尊は何を言いたかったのか、彼は一切空だと言いたかったのです。実は人間が現世に生きていることが本当ではないと言いたかったのです。

それでは本当のことはどこにあるのか。私たちが生きていることが空であるとすると、実は一体どこにあるのか。大乗仏教には実を教える方法がないのです。

そこで、般若心経と聖書を一つにしてご覧頂きたいのです。般若心経は一切空であると言っています。聖書は実そのものを皆様の目の前に突き出しているのです。

仏教には無という思想があります。哲学的に言いますと東洋無です。東洋無という思想は日本人には相当愛好されているのです。

無ということが分かったとします。それでは有というのは何であるのか。生かされている人の本体は有です。一切空と言っても、現在生かされているという事実があるのです。これが有です。

有は一体どこから来たのか。地球はどうして生まれたのか。これが仏典ではどうしても説明できないのです。なぜかと言いますと、仏典は地球が存在した後に説かれているからです。人間が生きている所から出発しているのです。

釈尊は生老病死を徹見しようと考えたのです。人間がいなかったら仏法はできなかったのです。

聖書はそうではありません。人間がいない所、地球がない所から始まっているのです。天地創造がどうして始められたのか。人間はどうして生まれたのか。これを知るためにはどうしても聖書を勉強するしかないのです。

創世とは何か。どうして世が造られたのか。どうして天と地が創造されたのか。これが日本人には全然分かっていないのです。キリスト教でも分からないのです。

旧約聖書に創世記があります。神が七日の間に、七つの段階によって世界を造ったと書いていますが、これがキリスト教では分からないのです。神の御霊《みたま》によって聖書を見ていないからです。だから、宗教的にしか聖書が見えないのです。

仏教も同様です。日蓮宗の人々は日蓮宗のめがねで見ているのです。真宗の人は真宗のめがねで見ているのです。だから、本当の仏が分からないのです。

本当の命を勉強しようと思うのなら、日本という国柄、仏教という宗教にこだわらないで、皆様自身の命という角度から見て頂きたいのです。

生かされているということは、私も皆様も同じです。命という角度から申し上げれば、日本人もアメリカ人もありません。

命が万物として現われているのです。松の木になったり、杉の木になったり、山になったり、川になったりしているのです。鳥や魚や、牛や馬になっているのです。

仏教では宇宙の実相を仏格化した根本の仏として、大日如来と言います。しかしこれは抽象人格でありまして、本当に存在する人格ではないのです。

阿弥陀如来も同様です。観世音菩薩も同様です。菩薩とか如来は仮称人格でありまして、ある精神状態、またはすばらしい能力を尊敬する形で祀り上げて、大日如来と呼んでいるのです。

私たちは一切の虚飾を取り去って、仏教とかキリスト教とかいうアクセサリーを取り去ってしまって、率直に、素直に真理そのものを見ていかなければならないのです。

大日如来というのは飾りです。大日如来の実体は何か。これは神のある部分を現わしているのです。この神は日本の八百万の神ではありません。

本当の神とは何か。太陽が輝いていることの実体です。太陽は神の実質を形象的に現わしているのです。神の力が太陽という形で現われているのです。

なぜ神の力が太陽として現われているのか。これが創世です。神の力、栄光が形象的に現われている。これを世というのです。

世が造られたのです。創世記です。物が造られたのではないのです。創物記ではないのです。人間が造られたのではない。世が造られたのです。このことをキリスト教では全然考え違いをしているのです。

キリスト教では天地万物が造られたと教えているのです。万物が造られたのではありません。万物として神の力が現われる時代が造られたのです。これが創世です。

神は世を造ったのであって、物を造ったのではないのです。これが大日如来という思想の根本の由来です。

時間が存在しないから空間も存在しないはずです。そうすると、私たちが目にしている時間や空間は何かということです。これが神の全能です。

無いものが有るように見えるのです。あるべき道理が無いものが、実在するように感じられる。このように感じさせている神と、感じさせられている人間とがいるのです。

人間は万物が有るように感じています。神は万物が有るように感じさせているのです。この二つが一つになることによって命が発生しているのです。

皆様が現在生きていることが、神を経験していることです。大日如来とは誰のことか。実は皆様自身が大日如来です。阿弥陀如来も皆様自身のことです。観世音菩薩も皆様のことです。その時その時によって、観音さんになったり如来さんになったりしたらいいのです。

人間の実体とは何か。死を破ったという厳粛な事実が一つあるだけです。イエスでも死を破らなかったら、イエスはただの嘘つきです。死を破ったという事実は歴史的にきちっと残っている。これはどうしても否定することができないのです。

今年は二〇二〇年です。これは厳然たる歴史的事実です。この歴史的事実は破ることができないのです。私たちはこの事実を勉強したらいいのです。今年が二〇二〇年であるという歴史的必然性を勉強すると、死なない命が分かるのです。

実は皆様の魂の本体はイエスです。人間が生きているということが神です。ゴッドはリビングです。命は神です。皆様が生かされていることが神です。ですから、皆様が生きていることがイエスです。人間の命の本質はイエスそのものです。だから主イエスというのです。

固有名詞の人間、自我意識による人間は罪人です。これは地獄へ行くに決まっているのです。しかし生かされていることは神の子です。これがイエスです。彼岸の実体です。イエスが分かれば彼岸へ行けるのです。これが聖書の奥義です。仏典の奥義です。

私は宗教を目の敵にしているのではありません。目の敵にする必要もないのです。宗教の本質をよく理解しないで、あまりに宗教に信用をおきすぎると、とんでもないことになると申し上げているのです。

宗教は現在生きている人間に幸福を与える。そして、死んでから天国や極楽に行けるようにしてあげると言っているのです。現世に生きている人に幸せを与えると言っているのです。

これは結構なことですが、現世に生きている人間を幸せにするという考え方が、とんでもない考え違いになるのです。

現世に人間が生きているということが、カルマ、業《ごう》です。これをよく考えないといけないのです。生きている人間が幸せになるというのは、どういう値打ちがあるのかということです。

生きている人間が幸せになったところで、必ず死なねばならないのです。この世に人間が生まれてきたということが業です。だから、悲しみや苦しみ、矛盾があるのです。これはこの世に生まれてきたことが業であるということです。

業を持ったままの人間が幸せになるということは、とんでもない考え違いです。こういうことを冷静に考えて頂きたいのです。

人間がこの世に生まれてきたという業を果たしてしまわなければいけないのです。この業を果たすことが本当の幸せです。

ところが、宗教は業を果たさないで、業を持ったままの人間に幸せを与えると言っているのです。現世の人間に幸せを与える、幸いにするというのが、宗教の間違いです。

この世に生まれてきた人間は業を持って生まれてきたのですが、この業が人間の苦しみや悲しみ、矛盾の原因です。この業を解決しようとしないで、これを持ったままで幸せになろうと考えることが間違っているのです。

般若心経は般若波羅蜜多と言っています、これは向こう岸へ渡る知恵ということです。向こう岸へ渡る上等の知恵です。人間の常識ではなくて、向こう岸へ渡るための上等の知恵が必要です。

人間は向こう岸へ渡ることが目的でありまして、現世に生きているままで幸せになろうという、小さなことは、言っていないのです。

人間は現世で楽しみたいと考えているのですが、肉体人間が楽しみを味わえば味わうほど、業が深くなるのです。これが宗教では分からないのです。

欲望を満足させようと考えて欲望を果たしますと、その時には欲望が満足したような気持ちになるのです。おいしいものを食べた時にはおいしいと思うのですが、しばらくするとまた別のおいしいものを食べたいと思うのです。食べて一週間か十日経ちますと、もっとおいしいものを食べたいと思うのです。もっとおいしいものを食べますと、もっともっとおいしいものを食べたいと思うのです。欲望は満足させるとだんだん太ってきて成長するのです。

欲望を満足させるということは、欲望の根に肥料を与えることになるのです。だから、欲望を満足させると、もっと大きい欲望を要求することになるのです。これが宗教です。

宗教は現世の人間に幸福を与えるのです。幸せを与えるのです。現世で幸せになりたいとか、幸福になりたというのは、宗教的な欲望です。

死んでから極楽へ行きたいと考えるのは、宗教的な欲望です。皆様はこの世を去ってしまうと寺も教会もない所へ行くのです。寺がある現世で、本当に極楽があるかないかを確かめればいいのですが、死んでから極楽へ行くと言われても、死んだら大本山も教会もないのです。

宗教は人間の宗教的な欲望にうまく調子を合わせてお金儲けをしているのです。これが宗教商売です。商売だという言い方は厳しい言い方ですが、端的に言えばこういうことになるのです。

人間の魂は業のために死んでいるのです。この世に生まれてきたことが業です。この業を果たすことを考えないで、生きていることがいけないのです。業を果たすことを考えないで、この世に生まれてきたとはどういうことかをはっきり勉強しようとしないで、幸せになりたいとか、極楽へ行きたいとかを考えるのは、根本的に間違っているのです。

人間は死ななければならないに決まっているのです。死んだら極楽へ行く、死んだら天国へ行くという、あいまいなことをいうのは大変失礼です。

死んでからではなくて、今ここで天国、極楽へ入る方法を教えなければいけないのです。宗教は良いことも言っていますけれど、目的が間違っているのです。業《ごう》を果たすことを言っているのではなくて、業を太らせることをしているからです。

現世の人間を幸せにするという言い方は、人間の業を太らせることになるのです。そうすると、欲望がだんだん太るのです。その結果、人間は欲望気違いみたいになってしまうのです。これが宗教のありのままの姿です。

これは共産主義によく似ています。共産主義は宗教ではありませんが、宗教みたいなものです。マルクスの思想を信じていますから、マホメットの思想を信じるのと同じような意味になるのです。

共産主義を信じたら、現世において幸福になると言います。現世においていくら幸福になっても、人間は死ぬに決まっているのです。

人間社会は遅かれ早かれ潰れてしまうのです。食糧問題、資源枯渇の問題、人心荒廃の問題、政治経済の混乱、紛争内乱、核戦争によって、人間社会が滅びる危険性は十分にあるのです。皆様は現世において、何を頼りに生きているのでしょうか。現在の日本人は本当に頼りにすべきものを持っていないのです。

日本の政治は当てになりません。政治家は日本の国が何のために存在するのかということを考えていないのです。国家目的を持っていないのです。

国家目的を持たないで国の政治をしているのです。現在の人間社会は、業を持っている人間が集まっているのです。文明社会は業の塊です。これが世の中です。何を目当てにしたらいいのかさっぱり分からないのです。だから、般若心経は空と言っているのです。

人間社会は空である。人間も空であると言っているのです。般若心経は宗教ではありません。現在生きている人間に幸福を与えると言っていないのです。色即是空、空即是色、五蘊皆空とはっきり言っているのです。これが本当の命に会えるただ一つの道です。

この地球に真実の鉱脈があるのです。世界の歴史の中にただ一つ、絶対に間違いがない真実の鉱脈があるのです。これが命の鉱脈です。これは宗教ではありません。これを神の約束というのです。日本人は神の約束を全然知らないのです。真実の鉱脈があるということさえも知らないのです。

キリスト教でも約束ということを言いますけれど、真実の鉱脈の実体を経験していないのです。日本のキリスト教は皆間違っているのです。仏教は仏教でお釈迦さんがいうことを本当に説いているお寺は一つもありません。また、イエス・キリストの本当の精神を説いているキリスト教会もありません。

お寺では空ということを言うと嫌がるのです。なぜなら空というとお金儲けにはならないからです。だからはっきり空と言わないのです。そして、今生きている皆様に幸せを与えるというのです。

ところが、五蘊皆空というのは、どう考えても幸せにはならない言い方です。「色即是空、空即是色、無智亦無得、以無所得故」とあります。知ることもないし、得ることもない。だから何の所得もないと言っているのです。

人間がこの世で生きていても、命の足しになることは何もないのです。人間は欲望の満足のためにだけ生きているのであって、命の足しになることは何もない。本当の幸せは現世にはないと言っているのです。

仏法は空を説いているのです。これが釈尊の大精神です。人生は空であると言っているのに、これを日本では説いていないのです。釈尊の言うことを説かないで、教祖さんがいうことを説いているのです。親鸞とか日蓮とか弘法大師とか道元は教祖でありますが、釈尊ではないのです。寺では教祖が言ったことを教えている。これが日本の仏教です。

般若心経を本当に愛している皆様に知って頂きたいことは、人間が生きていることが空であるということです。これを真面目に考えて頂きたいのです。

般若心経は宗教ではありません。真実を説いているのです。聖書も宗教ではありません。命の実物を説いているのです。

業《ごう》ということは人生の矛盾ということです。これが業の正体です。矛盾を解決しようとして文明社会があるのです。

人間は文明で矛盾を解決するという考え方をしているのです。これが民主主義だとか資本主義とか、自由主義の考え方の基本です。人間の生活を楽にすることによって、矛盾を解決しようと考えているのです、これが現代政治の考え方です。

現世では欲望を満足させることによって、矛盾を一日延ばし、一週間延ばし、一ヶ月延ばしと先送りしてごまかすことはできるのです。しかしそれはごまかしているだけです。ジャズやロックの音楽を大音量でかけますと、冷静に考えることができなくなるのです。文明は人間の業をごまかしているだけです。人間の命に幸せを与えることは絶対にできません。

現代社会が人間に幸せを提供することは、絶対にできないのです。命を勉強している指導者が一人もいないからです。これは日本だけではありません。アメリカでもイギリスでも同様です。中国も同じです。中国は唯物史観的な無宗教国家ですが、日本は無宗教的な唯物史観的な国ということができるのです。

結局、生活のことは考えるが、生命のことは考えないという主義です。一体生活と生命とはどちらが重要でしょうか。これが今の人間には分からないのです。

今の学生に、生活と生命とどちらが重要かと聞けば、生活と答えるでしょう。これが資本主義的な民主主義社会の通念です。本質的なものが考えられなくなっているのです。人間の業によって考え方が狂っているのです。現世に生きていることが、最高、最上のことだと思っているのです。

現世に生きていることが一番結構だと思うことが、現世に捉われている人間の業です。これが自我意識の業です。般若心経はあたかも人間の業に頭から水をかけるように、色即是空、五蘊皆空と言っているのです。これは全く痛快です。現在の文明の頭に冷水をかけているのです。しかしこれは本当のことです。

昔の日本人はこれほど悪くなかったのです。経済の高度成長を達成してから、ますます悪くなったのです。物質が主になってしまったのです。これは欧米人の文明思想が日本に入り込みすぎたために、日本の良さが消えてしまったのです。

日本は元来無宗教の国ではなかったのです。今では全く無宗教のような国になってしまったのです。宗教はありますけれど、これはすべて生活のための宗教であって、生命のための宗教ではないのです。

死んでから極楽へ行きたいと考える。これは現世の生活の延長が極楽にもあってほしいという考えです。人生を全く知らない考え方です。真面目に考えていないのです。こういうことが人生の業です。

皆様がこの世に生まれてきたことが業です。今生きていることが業です。業が分からないと言われますが、鼻から息を出し入れしていることが業です。例えば、恋愛感情、家庭の問題、人間関係の矛盾、経済的な困窮、就職の問題、結婚の問題など人生にわだかまっている問題が業です。

なぜ人生に業という矛盾があるのか。これは真実の鉱脈を知らないからです。真実とは何か。本当の真理とは何であるのか。

真理は皆様に大好きなものを与えます。イエスは「真理はあなた方に自由を与える」と言っています。どういう自由かと言いますと、まず苦しみからの自由を与えます。どういう苦しみがあるのかと言いますと、愛別離苦（愛する者と別離する）、怨憎会苦（怨み悩んでいる者に会うこと）、求不得苦（求める物が得られないこと）、五蘊盛苦（人間の肉体と精神が思うがままにならないこと）の苦しみがあるのです。

これが人生というものです。ところが、肉体的に生きているということが空であって、皆様が肉体的に生きているという事実はないのです。それを肉体的に生きていると勝手に思っているのです。

人間は肉体的に生きているので、色々な間違いをしているのです。般若心経に遠離一切顚倒夢想という言葉があるのです。人間の考えは逆立ちしてしまっているというのです。肉体があると思っている人は、そういう五蘊に取りつかれているのです。そこで、色即是空という考えがどうしても必要になるのです。

皆様の肉体は生理機能の表現です。生理機能の働きが肉体として現われているのです。肉体があるのではない。生理機能という事がらが、肉体という物理機能として働いているのです。肉体これを空と言っているのです。

筋肉と骨と内臓の三つが集まって、皆様の肉体ができているのです。つまり、皆様の肉体は生理機能の現われです。生理機能は物質ではありません。物理構造の働きです。科学的な働きです。科学的な働きが肉体という形になって現われているのであって、般若心経はこれを色即是空と言っているのです。

般若心経の思想は非常に科学的なものです。ところが、科学の勉強をしている人が皆、肉体があると思っているのです。学校教育はとんでもない間違ったことを教えているのです。間違っていないことも多いのですが、間違っていることも多いのです。

文明というのはそういうものです。現在の文明で信用ができるものは一つもありません。その証拠に皆様は何を信用して生きているのでしょうか。これをよく考えてみてください。

この世の中は五蘊の塊です。矛盾の塊です。ここからけ出すことが、真実の鉱脈を捉える第一の方法です。般若心経と聖書の勉強は、間違った人生から抜け出す第一の方法です。

第二の方法はこの間違った社会から抜け出して、本当の命を掴まえることです。命とは何かと言いますと、真実の鉱脈です。神の約束の鉱脈です。地球はなぜできたのか。なぜ存在するのか。女はどうして女であるのか。男はどうして男であるのか。これは命の鉱脈を捉えればはっきり分かるのです。

命の鉱脈を捉えるには、キリスト教ではない聖書を勉強するしかないのです。仏教ではない仏法の根底が空です。これを勉強するのです。

今の日本ではこういうことをいう人はいません。私は宗教団体を造るためにこんなことを言っているのではありません。放っておけば皆様は死んでしまうでしょう。だから、本当の真実の鉱脈があることをお話ししているのです。

自由とは何か。現在肉体的に生きている人間は、自由を持っていないのです。病気になったら死ぬと思うでしょう。これは死から解放されていない心境です。

人間は死に押さえつけられているのです。死ななければならないと考えている。死にたくないけれど死ななければならないと思っている。これは不自由そのものです。これが不自由の原因です。

死から解放されるのです。死なない命を見つけるのです。死なない命を見つけると、本当の解放が初めて分かるのです。

解放とか自由という言葉は観念論としてはあり得ますけれど、今の社会に本当の自由はありません。死から解放されることを、本当の幸せというのです。

人間の肉体は新陳代謝していますから、やがて滅びていきます。服や靴下みたいなものです。古くなったら使えなくなるのです。肉体も消耗品ですからなくなりますけれど、死ぬのとは違います。

死というのは皆様の精神が五蘊に従っている状態です。だから死んでいくのです。本当の命が分かったら、死から解放されるのです。

皆様の世界観と価値観が変わってしまえば、死なないことがはっきり分かるのです。

この世に生まれたことが業です。この業を果たさなければならないのです。どうしたら業を果たすことができるのか、死なない命を見つけたらいいのです。死なないのが本当の魂です。これを見つけたらいいのです。

私がこうして皆様にお話をしなければならないことが業です。皆様が死んでいくことが分かりますので、お話しするという意味での業です。これは人間が死んでいくという意味での業です。皆様と同じ時代に生きているということは、一つの業に従っているのです。だから余計なお世話と言われるかもしれませんが、同じ命に生きていますから、共に死なない命の勉強をしたいと思っているのです。

釈尊もそのように考えたのです。生きているということは確かに業です。果たさねばならないということは、自分自身の業を果たさねばならないという意味と、人間社会に取りついている死ぬという業を、共同責任として果たさなければならないという味です。

日本の八百万の神々というのは日本人が造った神です。人間が造った神です。祖先の氏を守る氏神と土地を守る産土神というのは、人間が造った神です。この世における生活の方便のために造った神です。これが八百万の神です。

日本の八百万の神はシャーマニズム、神霊的な神でありまして、誠の神ではありません、この神は現世以外では通用しません。巫女の口寄せ的な神でありまして、これは日本人が持つ神的概念の低さを示しているのです。

私が神と言っているのは皆様方の命をこの世に現わしているものです。人間を造った神です。分かりやすく申しますと、皆様の心臓が動いていることが神です。

花が咲くという形で神を表現しているのです。本当は神という言葉を使わない方がよいのですけれど、神としか言い様がないのです。しょうがないから神と言っているのですが、八百万の神とは全く違います。全然違います。

皆様の心臓が動いていること、目が見えることが神です。皆様は知らぬ存ぜぬとは絶対に言えないのです。

皆様は現在命を生きています。この命《いのち》は生《せい》というべきものです。命《めい》というのは現世に生きている人間の命という場合に用います。使命とか運命と言います。

生とは生きているそのことです。英語でいうリビング（Living）です。これが本当のいのちです。本当のいのちというのは死なないことをいうのです。死なないのが本当のいのちです。これは生そのものであって、死は含まれていません。死なないのが本当のいのちです。

皆様が現在経験しているいのちは死ぬに決まっているのです。これは肉のいのちであって、本当のいのちではないのです。

本当のいのちは真実の鉱脈、神の約束、宇宙の大生命の約束です。人間歴史を貫いて流れている真実があるのです。

地球はなぜできたか。こんなことは八百万の神では分かりません。日本の古事記の創造物語はお伽話です。

地球ができたことが命の現われです。花をご覧になりますと、美しいと思われるでしょう。しかし、美しいと思っているだけでは本当の命は分かっていません。美しいとはどういうことなのか。

花を見ると美しいと思うと同時に、得も言われない良い心地がするのです。何とも言えない良い感じがします。例えば、おいしい料理を食べた時に何とも言えない感じがします。魂が喜んでいるのです。

美しいとはどういうことか、なぜ人間の心の中心が喜ぶような気持ちになるのかです。これが分かれば、皆様は本当の命に目が開かれるのです。これが死なない命です。

生には死が含まれていません。命の中には死が含まれているのです。

皆様が本当に死にたくないと思うなら、死にたくないと言うべきです。そうしたら、本当の命を掴むことができるでしょう。

花を見て美しいと思うのは、永遠の命の香りを感じているからです。これを感じることができる人は、永遠の命を必ず掴まえられるのです。

21. 仏典と聖書の奥義

人間は生きているつもりですが、死に近づいているのです。自然現象として死んでいくのは当たり前のことです。ところが、現代文明は肉体が死んでいく方向に向かっているのではなくて、人間の霊魂が亡滅してしまう方向に、皆様を引っ張っていっているのです。

文明は実にばかげたことをしているのです。六千年の間、人間は文明を造ってきたのですが、何をしてきたのか。端的に言いますと、死ぬことばかりに熱心であったということになるのです。人間は生活することに一生懸命になってきたのです。それから、人間的に利口になるために、一生懸命に考えてきたのです。

この二つの方向が両方共間違っていたのです。生活することと、生活するために知能を啓発することを考えてきた。この二つが必然的に人間の魂を殺してしまう結果になったのです。

釈尊は仏を説いたのです。仏とは悟ることを意味しているのです。「仏とは　誰が言いにけん白玉の　糸の縺れを解くなりけり」という道歌があります。白玉の糸のもつれというのは、人間の命に関する考え方が、錯綜してしまっている状態をいうのです。命についての人間の考えが、こんがらがっている状態をいうのです。

人間の生命意識がこんがらがっているので、何のために生きているのか、何をしたらいいのかさっぱり分からなくなっているのです。そのために糸のもつれを解くことが仏です。

仏というのはサンスクリット語でブッダと言いまして、「目覚めた人」、「体解した人」、「悟った人」という意味になるのです。つまり正覚者という意味です。

禅で言いますと、解脱という意味になるのです。皆様が生まれてから今日まで経験してきた、その人生を解脱するのです。四十年、五十年の間、一生懸命に人生を経験してきたことを、解脱してしまわなければならないのです。

これをしないのなら、初めから人生を経験しなければよかったのです。

皆様は現在生きているのであって、命を経験しているのです。ところが、命とはどういうものかと言いますと、さっぱり分からないのです。命を経験するために生きていながら、命のことがさっぱり分からない。経験のしかたが間違っているからそういうことになるのです。これを解脱しなさいと言っているのです。

人間がこの世に生まれてきたのは、試行錯誤をするためです。ああでもないこうでもないと何回でもやり直してみることです。これが試行錯誤であって、人生はやりそこないを修正するために生きているのです。

ところが、自分が経験してきた人生を、なかなか解脱することができないのです。

解脱してしまわなければ本物にならないのに、解脱することを嫌がっている。そのために、皆様の魂は地獄の責め苦を受けなければならないことになるのです。地獄の責め苦という言い方は非常に古風な言い方になりますが、非常に正確な言い方です。

命を経験していながら、命が分からないというのは、生き方が間違っているからです。人間は自分の命があると考えています。自分の命は絶対にありません。命は人間が造るものではないからです。

私たち個人が一人前ずつの命を誰かからもらったのでもありません。命は地球に一つあるだけです。宇宙に一つだけあると言った方がいいかもしれません。とにかく命は一つしかないのです。

ところが、自分の命があるものだと考えているのです。命についての根本的な考え違いが、人間の常識の土台に埋もれているのです。そのような考え違いを土台にして考えていますから、学問をすればするほど愚かになるのです。

人間が社会的に利口になればなるほど、霊的には愚かになるのです。そうして、せっかく与えられた命を失ってしまうのです。

釈尊は仏をといたのです。仏というのは解けることです。こんがらがった人間の考えをほどいてしまうことです。これが仏です。

仏という言葉の基本的な原則を簡単明瞭に申しますと、空に帰するのです。色即是空の空、五蘊皆空の空です。般若心経は空と無によって成立しているのです。これが実は釈尊の本来の面目です。

釈尊は今生きている人間のあり方は、はっきり空であると言っているのです。一切空と言い切っているのです。

なぜこう言い切ったのかと言いますと、釈尊は明けの明星を見たからです。明けの明星を見て豁然と大悟したのです。

明けの明星というのは太陽が出る前に、暁の闇を破って輝き出す金星です。これは太陽が出る前の星です。明けの明星が出ればまもなく太陽が出るのです。

明星を見た時に、釈尊はどのように感じたのか。明星は太陽の前に出るものです。明星を見た時に、釈尊はやがて太陽が出ることを直感したのです。

太陽が出るということは、明々白々な真実の世界が現われることを、釈尊は発見したと思われるのです。

現在私たちが生きている世界は、仮の世界です。影の世界です。本当の世界ではないのです。この地球も、人間自身も仮の存在でしかないということです。死に完全に押さえられている世界は間違っていることが分かったのです。

仮の存在というのを本気に扱ってはならない。やがて現われる本当の世界から見れば、釈尊は現在の人間が生きているあり方は、根本から空であることを、非常に強く直感したのです。

釈尊は本当の実を悟ったので、反面的な意味において現実世界は空であると言わざるを得なかったのです。明けの明星を見たことによって、釈尊は実を見た。そこで、現在の人間が生きている状態が空であると見たのです。

釈尊が人間が空であると言ったのは、明確な信念があったからです。これはイエスが現われる五百年程前の話です。釈尊はイエスを知りませんでしたが、明星が現われたということには、非常に大きい宇宙的な意味があるのです。

このことが現在の宗教家に全く分かっていないのです。新約聖書のマタイによる福音書の第二章を見ますと、東方の学者が明星を見て、イエスの誕生を拝みに来たという記事があります。この明星と釈尊が見た明けの明星とは、何らかの繋がりがなければならないと思われるのです。

皆様の魂に明星が出る時に、皆様は自分の命の本当の姿が分かるでしょう。

現在の人間は現世が本物だと思い込んでいるのです。ところが、人間は死ぬに決まっているのです。死ぬに決まっている命を生きているのです。命には二つの命があるのです。絶対に死ぬに決まっている命と絶対に死なない命です。

皆様が常識で見ている命は、絶対に死ぬに決まっている命です。常識的に生きている人は必ず死ぬのです。これが空である命です。

ところが、皆様が直感的に、潜在的に感じている命は死なない命です。これが分からないのです。皆様の心の中には、死ぬべきはずがないという気持ち、死んではならないという気持ちが、はっきり存在しているのです。

宗教ができたのは、人間は死なない命があることを潜在意識で知っているからです。それを教えるために宗教ができたのです。ところが、できた宗教が皆間違っている。なぜ間違っているかと言いますと、色々と理屈をつけるからです。ごちゃごちゃした理屈をつけて、釈尊の悟りを全部見失ってしまったのです。

釈尊は人間が空であると言っています。一切空、五蘊皆空と言ったのです。般若波羅蜜多が釈尊の悟りの実体です。

色々理屈をいう必要はありません。五蘊皆空、色即是空、これが釈尊の本当の悟りです。これを受け取ることがほとけることです。人間の経験が解けて流れてしまうのです。

後に残るのが皆様の本当の命です、これが悟りです。これが解脱です。

釈尊は空を説いたのです。仏を説いたということは、空を説いたことに決まっているのです。釈尊はやがて現われるべき太陽を見たかったのですが、明けの明星しか見ていなかったのです。太陽がどういう格好で現われるかが説明できなかったのです。

とにかく今生きている人間が間違っているということが分かったのです。そこで、五蘊皆空、色即是空と言ったのです。不生不滅、不垢不浄、不増不減と言っているのです。すべてが空であるとはっきり言っている。これが般若心経の精神です。

ところが、弟子たちががちゃがちゃと理屈をつけたのです。如是我聞、如是我聞とたくさんの経典を書いたので、その結果、何が何やら訳が分からなくなったのです。空と無が消えてしまったのです。そうして、十二因縁、四諦八正道と言って、唯識論の理屈がずらりと並べられたのです。

般若心経は十二因縁と四諦八正道を真っ向から否定しているのです。無無明亦無無明尽、乃至無老死亦無老死尽、無苦集滅道と言っています。十二因縁と四諦八正道を堂々と切り捨てているのです。

大乗仏教の教学は空と無を説いただけでは商売にならない。そこで、十二因縁と四諦八正道という、もっともらしい理屈をこね上げたのです。

人間は解脱することが難しい。どうしたら解脱することができるのかと人々が聞いたのでしょう。そこで、四諦八正道というもっともらしい理屈を造り上げたのです。釈尊はそんなことが言いたかったのではありません。釈尊が言いたかったのは五蘊皆空です。色即是空です。

人間の常識を基礎にして勉強すればするほど、間違っていくのです。

皆様はこの世に生まれた命が本物だと思っていますから、そういう考えを踏まえて考える癖がついてしまっているのです。だからよけいな教学ができたのです。釈尊本来の空、無が全然分からなくなってしまったのです。

人間が何のために生きているのか分からなくなってしまったのです。人間が今生きている命が仮の命であることを全然知らずに生きているのです。人間は死ぬに決まっているということが、仮の命であることを示しているのです。

死ぬに決まっている命は本当のものであるはずがないのです、死ぬに決まっていることが分かっていながら、これが自分の本当の命だと思い込んでしまっている。近世文明以降においてはこの考え方が顕著になっているのです。

近世文明以降は、人間の生活と知能の啓発が第一の眼目になっています。学校では知能の啓発ばかりを教えているのです。そうして、人間はますますばかになっていくのです。

命を掴まえなければならない人間が、知識のために振り回されて、勝手に死んでいくのです。人間は知能を啓発するために生きているのではありません。

命を経験するために生きているのです。命を経験するために最も必要なことは、素朴で素直な感覚です。学校へ行けば行くほど、素朴さと素直さがなくなってしまうのです。こういった文明のトリックを、日本の政府は全然知らないのです、皆様方もご存知ないようです。

現世の常識に従いながら、仕方がないと言って死んでいくのです。死にたくない、死にたくないと言いながら、死んでいくのです。ばかなことをしているのです、本当にばかなことをしているのです。

知能の啓発とは何でしょうか、社会人を養成するとは何でしょうか。ただ良い生活をしたいだけではないでしょうか。人間は素朴な気持ちと素直な気持ちがあれば、生きていけるに決まっているのです。必ず生きていけるのです。

現世で成功しようという考えがいわゆるユダヤ主義であって、日本人はこういう考えに取りつかれているので、皆死んでいく方向に向かっているのです。

そこで、宗教ではない般若心経が必要なのです。般若心経は仏教を否定しています。五蘊皆空と言って人間の考えをすべて否定しているのです。さすがに釈尊の思想は大したものです。だから、どうしても般若心経を勉強しなければならないのです。

22. 本当の道理

現代人は今のままで生きていても無意味です。人間は生きていてもしょうがないのです。特に男が生きていること自体が無意味です。

人間という言葉を集約すると男になってしまいます。聖書には女は男のために造られたと書いているのです。男は女のために造られたのではないのです。こういうことは聖書を読まないと分かりません。

仏教でもイスラム教でも全然分かりません。聖書を正確に、綿密に読まなければ分からないのです。

聖書でもキリスト教のような読み方をしていたら、聖書の真髄に触れることは全くできないのです。

女は男のために造られたのですが、男は女のために造られていないのです。そうすると、男は誰のために造られたのかという非常に大きい疑問があるのです。

男の本質、女の本質をはっきり言える宗教は世界中何処にもありません。聖書にしか書いていません。聖書でもキリスト教のような見方では、とても人間の本質は分かりません。

宗教は個々の人間が救われると言ってますが、個々の人間が救われるということは絶対にありません。実は個人は存在しないのですから、個々の人間が救われるということもないのです。

救いを求めるという入口は個々の人間になります。個々の人間から入って人間の本質を究明すると、個々の人間は消えてしまうのです。従って、日本の宗教は全部間違っていることになるのです。

宗教は根本的に間違っているのです。私が話しているのは宗教ではありません。聖書によって人間存在の実質、実体を究明しているのです。

従って、個人主義とか、人権とか、自我意識があると考えることは皆間違っているのです。私は個々の人間に関係がないことを言っているのです。

今の人間の心理状態は死んでしまっているのです。これから死ぬのではないのです。現在の人間が自由意志を持っていても持っていなくても、宇宙的に見たら存在価値を持っていないということです。

皆様が個々の人間として生きていてもしょうがないのです。何にもならないのです。生きていることが無駄であるというのならいいのですが、無駄な生き方をしていてやがてこの世を去ることになるのです。

人間存在の本質はキリストにあるのです。これ以外に個的な人間があるという考え方は、いわゆる文明主義でありまして、これがユダヤ思想です。

個人はいてもしょうがないのです。本人がいると思っているだけです。自分がいると考えているその考えが、死んでから徹底的に糾弾される原因になっているのです。これが霊魂の裁きになるのです。生きている間に寂滅の境をしっかり掴まえておかないといけないのです。仏教で仏と言いますのは、人間自身がほとけてしまうことです。溶けてしまうと言ってもいいのです。人間自身の観念が溶けてしまうのです。

人間の観念は混線して、もつれているのです。もつれている人間の観念がほどけるのです。そうすると、自分が消えてしまうのです。

大乗仏典には色々な仏があると書いていますが、これは人間が完成された時に、その人たちが仏と言えるような性格を持つということを言っているのです。

仏さんがたくさんいるのではないのです。そういう意味で空海の思想は非常に間違って伝えられているのです。空海だけではなくて、最澄や道元の思想も間違って伝えられている所があるのです。

日本の仏教は非常に不完全なものであって、人間存在の実体を究明していきますと、何が何か分からなくなってしまうのです。人間が成仏して仏国浄土に参入して何になるのか。そういうことが仏教では分からないのです。

仏教は観念論ばかりを並べているのです。そういう観念論で、日本人は満足しているのです。イスラム教でも同様です。イスラムの国々がお互いに反目して戦っていますが、文明というものはそういうばかなものです。

皆様は人間文明の愚かさをよく知って頂きたいのです。そうしないと皆様自身の愚かさが分からないからです。

個々の人間が生きていること、人間が宗教を信じていることが愚かそのものです。

本当の道理は一つしかありません。人間が天国へ行ってもしょうがないのです。従って、宗教が言っている、死んだら天国や極楽へ行くというのは根本的に間違っているのです。

今の人間は宗教をまともに信じているのです。宗教を信じている人は必ず死んでしまうのです。

人間はやがて自滅してしまいます。政治も経済も自滅してしまうのです。核兵器というばかなものを造るのが人間ですから、今の文明は根本的に間違っているのです。

今の人間の考え方に希望を持っている人に、聖書は分かりません。現在の人間の中で本当に聖書が信じられる人は、非常に少ないでしょう。

今の人間は聖書を正しく信じることができない精神状態に置かれているのです。自尊心があるからです。自分自身のプライドを持っているからです。

男の人は性格を身に付けて、自分は男だと思っているのです。こういう人はだめです。

こういう言い方は現代人の思想から言えば暴論になるでしょう。批判のしようがない考え方、また、信じようがないこと、受け止められない考えのように思えるでしょう。

般若心経の本意は空です。般若心経の空観というのは、人間存在の本質が空だと言っているのです。私はそれを現代人に分かりやすく、具体的にお話ししているのです。従って、私の見解は暴論ではないのです。

今の人間は絶望の状態に置かれているのです。

人間は現世に生まれてくる前に、エデンの園で死んでしまった。死んだからこの世に生まれてきたのです。皆様がこの世に生まれたのはおめでたいことではないのです。

皆様は前世において、根本的な失敗をしてしまったのです。生きる資格を自分自身で放棄してしまったのです。そこで、死んだものとして地球に放り出されたのです。地球に追放されたのです。

現世には神に追放された人間ばかりが集まっているのです。これが聖書の本当の見方です。こういうことをはっきり言いますと、宗教商売が成り立たなくなるでしょう。だから、宗教ではこういうことは一切言いません。

宗教は人間は救われるというのです。キリスト教も人間が救われるというのです。ローマ法王がある国を訪れると、その国の国民は沸き返って大歓迎するのです。

今の人間は想像に絶するほど愚かです。人間は自分自身が三文の価値もないことが分かると、やれやれという実感が持てるはずです。

自分自身が何かの値打ちがあると思っている間は、それに対して絶えず責任を感じなければならないのです。自分自身に価値がないことが分かりますと、初めて真面目に道理を考えるということができるのです。

自分自身に愛想をつかしてもらいたいのです。人間は個人で生きていてもしかたがないのです。個々の人間が救われるということがないからです。救われてもしょうがないのです。人間は救われません。ところが、宗教は人間が救われるというのです。そういう意味で宗教は根本的に嘘です。嘘で固められているのです。

宗教でいうような神も仏もありません。本当の神とは何か。皆様の心臓が動いているという事実が神です。鼻から命の息を出し入れしているという事実が神です。生理機能の働きが神でありまして、宗教で考える神ではありません。

皆様は信じても信じなくても、神の位置に立って神を代理するような形で、現世に生きているのです。これが人間の実体です。

従って、人間が存在しているのではありません。神が人間という形で存在しているのです。これは真理です。人間が信じようが信じまいが、真理は真理です。

現在の人間の歴史の本質は何かということです。人間が歴史という形での文明を造り始めてから、大体、六千年ほどになると言われていますが、その間に人間が何のために歴史を形成しているのかということが分かっていないのです。

トインビーという歴史家がいましたが、人間の歴史が何のために存在しているのか、歴史とは何かが分かっていなかったのです。

歴史は英語でヒストリー（history）です。これは his story ではないかと思われるのです。

彼の物語です。歴史は人間が造ったものではないのです。神の物語です。

今日本に日本民族と言われる人々が定住していますが、日本民族がそうしたいと思ってそうなったのではないのです。

ロシアが膨大な領土を所有していますが、ロシアがそのような広大な領土を持ったというのは計画的にそうなったのではないのです。アメリカや中国、ブラジルも同様です。それぞれの民族がそれぞれの計画に基づいて国土を持つに到ったのではありません。歴史の流れによってそうなったのです。

偶然にそうなったと言えるかもしれませんが、偶然という言葉の内容を説明することができません。偶然というのは神的な意味での必然を意味するのです。

神を知るということが歴史を知ることです。そのためには、聖書を学ぶことが絶対に必要です。聖書は神の言葉です。歴史は神の物語です。

言葉は神の端的な意志がそのまま現われているのです。物語は神の意志を実現するためです。そのために紆余曲折を要するのです。これが神の物語です。

神の言葉である聖書を、宗教的ではなくて神の言葉として認識するのです。生命的に認識するのです。

最澄は、「道心に衣食あり、衣食に道心なし」と言っていますが、道心の本体は何であるのか、何を道心というのかということをしっかり勉強して頂きたいのです。

日本人は聖書を読んでいますけれど、聖書を絶対のものとして読んでいないのです。日本人は聖書を絶対のものとして受け取るという気持ちを持っていません。

聖書を文学書として読んだり、歴史書として読んだり、参考資料として読んでいる人はいます。聖書は唯一無二の絶対です。聖書にだけ本当の合理性があるのです。論理性があるのです。

聖書以外には本当の論理性、合理性はありません。ところが、日本人の場合、聖書を読むことに対して敬遠しているのです。聖書はキリスト教の教典だ、キリシタンバテレンだという考えがあるからです。だから、どうしても聖書に心を開こうとしていないのです。

日本人が聖書を公平に公明に学ぶということは、至難の業です。キリスト教の学び方ではだめです。神の聖霊によって学ぶのです。

まず第一に考えて頂きたいことは、自分が生きていることを公明正大に認識して頂きたいのです。人格のあり方、理性のあり方、良心のあり方、五官の働きを公明に学ぶのです。

その次には、大自然の展開を考えて頂きたいのです。太陽系宇宙が展開していることを公明に、平明に見ていくのです。

そして、第三は聖書を見るのです。自分の命と大自然と聖書の三つを見てきちっと合えば真実です。これによって命のあり方、神のあり方を認識していくのです。

これをしていけば、道心の本源が分かるのです。道心に衣食ありと通念としていくら言っても、本当の道心にはなりません。道心は天下の道心であって、地球が持っている道心です。

これを学ぶためには、神の言葉と、人間の歴史を学ばなければならないのです。神の物語を見れば、ユダヤ人問題は勝手に分かるのです。そうしたら、神と自分とが一つであることが分かると思います。

皆様は創世が分かっていないのです。キリスト教では創世が分かっていないのです。キリスト教では神が天地を造ったと言いますが、これが分からないのです。

聖書を正確に学ぼうと思いますと、まず創世が分からなければいけないのです。神が万物を造ったという意味が分からないといけないのです。

聖書に次のようにあります。

「肉の思いは死であるが、霊の思いはいのちと平安である。なぜなら、肉の思いは神に敵するからである。否、従い得ないのである」（ローマ人への手紙8・7、8）。

肉の思いは神に逆らうとありますけれど、肉は誰が造ったのかということです。人間の肉体は人間が造ったのではありません。肉の思いは、人間が肉体的に生きているという感覚で自分自身を見ることです。

人間の肉体があるということは、地球という物体があることです。時間、空間が存在することです。時間、空間が存在するから肉体があるのです。地球があるのです。万物があるのです。

聖書はこれを肉と言っているのです。

万物を造った神は肉を造ったことになるのです。万物は肉ですから、神は肉を造ったことになるのです。物理的に生活している人間の肉体を造ったのは神です。

万物を造ったのは神ですが、万物があると思うことが神に敵する思想だと言っているのです。これはどういうことでしょうか。

私たちは肉体があると思っていますが、これが間違っているとすると、肉体を造ったのは神であるのか、そうではないのかということです。

地球を造ったのは神なのか、神ではないのかということです。神が地球を造っておいて、地球があると考えることが神に敵するということです。これがおかしいのです。

物体的に存在する地球を造ったのは神に違いないのです。創世記にもそのように書いているのです。ところが、物理的な意味での地球があること、人間が生きていること、万物が存在するという気持ちで生きているものは神に敵すると言っているのです。

肉の思いが神に敵するのです。物質が存在するという思いが神に反抗していると言っているのです。これが分からないのです。

キリスト教では神に祈れと言います。正しくても正しくなくても、神に祈れと言います。神が分からずに祈っている。こういう考えが根本から間違っているのです。

物質があるというのが人間文明の根本原理です。唯物的、即物的というのが人間の考え方です。物質を念頭に置かなければ、人間の政治も経済も、宗教、教育、道徳、法律も成り立たないのです。

人間が肉体的に存在するという意識に立たなければ、政治も生活もないのです。人間が実存できないのです。ところが、肉の思いは神に敵すると言っているのです。一体どう考えたらいいのかということです。キリスト教ではこれが分からないのです。

地球があると思うこと、人間の肉体があると思うことが間違っていると聖書はいうのですが、これはどういうことか。肉体があると思うことが既に死んでいることだと言っているが、これはどういうことかです。

神が地球を造ったというのはどういうことなのか。これが分からないのです。創世が明確に説かれていないところに、現代文明の根本的な間違いがあるのです。あらゆる学問の間違い、あらゆる宗教の間違い、あらゆる道徳的意識の間違い、社会構造の間違いは、すべて創世が分からないところにあるのです。

このことを今の日本人にいくら言っても分からないのです。色即是空が分からない人間に、創世の原理は絶対に分からないのです。

色即是空ということは、現在地球があると思っていることが真っ向から間違っているということです。そこで、般若心経の色即是空と、聖書の創世とが一致するのです。

天地万物を造ったのは神です。これは間違いないのです。ところが、神が造ったと言っても、神が喜んで造ったものと、心ならずも造らなければならないから造ったものと二通りあるのです。

今の地球は神が心ならずも造ったのです。やむを得ず造ったのです。造りたくないのに神は造ったのです。これがキリスト教では全然分かっていないのです。

罪とは何か。人間が肉体的に生きていると思うことが、罪の原因です。人間が肉体的に生きているということをやめさえすれば、原罪がほとんどなくなってしまうのです。あとは人間の感覚だけですが、これは何でもないのです。

肉体がある、万物があると考えていることが、人間の原罪の土台になっているのです。これが原罪です。

創世記の第一章に、「神は造られたものを見て、良しとされた」とあります（1・10、12、18、21、25）。「神が造ったすべてのものを見られたところ、それははなはだ良かった」とあるのです（1・31）。

神は霊なるものです。「神は霊であるから、礼拝をする者も、霊とまことをもって礼拝すべきである」とあります（ヨハネによる福音書4・24）。神が霊であるなら、どうして物質を造ったのかということです。

霊であれば物質はないはずです。霊はコンディションであって、また、事がらです。花が咲いている事がらが霊です。

花という物質は霊とは言わないのです。花は花です。これは何処までも肉です。花が咲いているということの状態が霊です。人間が生きているという状態は霊です。鼻から息を出し入れしていることが霊ですが、肉体があることは肉です。ここが難しいのです。

般若心経はこの点に触れているのです。色即是空、空即是色と言っています。これは白人思想、白人意識の中にはないことです。

日本人の皆さんに般若心経を正解することができれば、肉は益なしということが分かるはずです。

般若心経は、世界の文化概念の中で他に類例を見ないすばらしい文化財です。このようなすぐれた文化財を持っている民族は、日本人以外にないのです。

神は肉を造ったのですけれど、これは神の本心から造ったのではないのです。

創世記の冒頭に、初めに神は天と地を造ったとあるのです。共同訳聖書には、初めに神は天地を造ったとありますが、これは間違っているのです。

神は天地を造ったのではありません。神は天と地とを造ったのです。神は天という原理と、地という原理を造ったのです。「地は形なくむなしくあった時に、闇が淵のおもてにあった」とあります。共同訳では、闇が深淵おもてに位したと訳しているのです。

淵は水が淀んでいる所を指すのです。あまり深くない所でも、水が停滞している所がありますが、これが淵です。流れには瀬と淵があります。瀬は流れている所です。流れが見える所が瀬です。流れが全然見えない所が淵です。

闇が淵のおもてにあったのです。これが天地創造の大原則になっているのです。これがキリスト教では分からないのです。

天地創造の原理が見落とされているために、肉体的に生きていること、地球存在の物理構造の原理が分かっていないのです。肉と霊との根本原理が捉えられていない場合は、聖書を正解することはできないのです。

淵とは何か。何のために淵があるのかということです。淵というのは水の流れが滞っている状態を指すのです。皆様の肉体が存在することが淵です。淵というのと肉は同じことです。人間の肉体は呼吸機能と、血液の流れ、心臓と肺の働きが人間の肉体を造っているのです。

呼吸というのはただの新陳代謝です。新陳代謝という生理状態があるのです。これが肉体になっているのです。

肉体というのは淵です。水の流れが滞っている状態を言います。これが肉です。

この宇宙には無数の天使がいますが、神は直接、天使を支配しない。これを天使長に任せたのです。

天使の中に非常に優れた天使がいたのです。神はルシファー、輝ける者と言われる天使を、天使長に任命した。これが大天使、天使長です。

神は天使長に、宇宙のすべての天使の支配を任せたのですが、天使長は任されていることを誤解して、自分の発想で宇宙を見ることを始めたのです。

神は天使長に絶大な知恵と力、能力、才能を貸し与えた。天使長はその能力を自分のものと考え違いをしたのです。元々その能力性は自分のものである。だから、自分は宇宙で一番偉い者、自分が誠の神であると考え始めた。これが闇が淵のおもてにあるという表現になっているのです。

闇は天使長です。天使長が考え違いをしたために悪魔になった。これが闇です。悪魔が淵のおもてに座り込んだのです。

淵のおもてとは水が淀んでいる状態を指しているのです。

皆様の肉体があるように見える状態が淵です。肉体があるのではありません。呼吸機能があるのです。生理機能の働きが、皆様の肉体として現われているのです。

働きはありますけれど、肉体が実存しているのではないのです。肉の思いで考えますと、肉体があるように見えるのです。これを般若心経では色蘊と言っているのです。

色蘊というのは、目で見ているような状態がそのまま実存すると考えることです。目で見ている肉体があると考えるから、一切の迷いが生じるのです。これを般若心経は指摘しているのです。

聖書も同じことを書いているのです。同じことを書いていますが、キリスト教の人々がそれを正解していないから分からないのです。私がキリスト教が言っていることは嘘だと言っているのはこういうことです。

　キリスト教は本当の悪魔を知らないのです。悪魔を知らないから、キリスト教の先生が悪魔の手先になっているのです。悪魔がキリスト教の先生にそれを押し付けているのです。また、キリスト教の先生が、悪魔の考えを喜んで受け入れているのです。

　ユダヤ教徒と律法学者に対して、イエスは、「わざわいなるかなパリサイ人たちよ」と言っているのです（マタイによる福音書23・13）。ユダヤ教徒と律法学者が悪魔の手先きになっているからです。

　物質があるのではない。物理運動があるのです。物質構成の原理があるのです。物質構成の原理は働きです。御霊《みたま》という宇宙エネルギーの働きがあるのです。

　神の御霊が水のおもてを動かしているのです。これが物理運動です。原子を動かしているのは神の御霊です。原子を動かしている神の御霊の働きが、物体になって見えるのです。これが現象世界の在り方です。

　これを創世記の一章二節ではっきり書いているのです。ところがキリスト教の人々はこれを正確に読んでいないのです。どういう訳で正確に読んでいないのかと言いたいのです。

　キリスト教の人々は、聖書の読み方が初めから間違っているのです。天地創造の原理が分からないままで、どうしてキリストの説明ができるかと言いたいのです。万物創造の原点が説明できないのに、どうして罪の説明ができるのかと言いたいのです。

神はルシファーを天使長にしたのです。天地創造の前に、神は輝ける者と言われるルシファーを天使長に任命したのです。

天使長ルシファーがいかに輝かしい者であるかは、聖書に次のように書いています。

「あなたは知恵に満ち、
美のきわみである完全な印である。
あなたは神の園エデンにあって、
もろもろの宝石が、あなたを覆っていた。
すなわち、赤めのう、黄玉、青玉、貴からん石、
緑柱石、縞めのう、
サファイア、ざくろ石、エメラルド。
そして、あなたの象眼も彫刻も金でなされた。
これらはあなたの造られた日に、
あなたのために備えられた。
私はあなたを、
油そそがれた守護のケルブと一緒に置いた。
あなたは神の聖なる山にいて、

火の石の間を歩いた。
あなたは造られた日から、
あなたの中に悪が見いだされた日までは、
そのおこないが完全であった。
あなたの商売が盛んになると、
あなたの中に暴虐が満ちて、あなたは罪を犯した。
それゆえ、私はあなたを神の山から
汚れたものとして投げ出し、
守護のケルブはあなたを
火の石の間から追い出した。
あなたは自分の美しさのために心高ぶり、
その輝きのために自分の知恵を汚したゆえに、
私はあなたを地に投げうち、
王たちの前に置いて見せ物とした。
あなたは不正な交易をして犯した多くの罪によって
あなたの聖所を汚したゆえ、
私はあなたの中から火を出して

あなたを焼き、
あなたを見るすべての者の前で
あなたを地の上の灰とした。
もろもろの民のうちであなたを知る者は皆
あなたについて驚く。
あなたは恐るべき終わりを遂げ、
永遠にうせはてる」（エゼキエル書28・12〜19）。

ルシファーが神の山において、油そそがれたケルブと一緒にいたとあります。神の知恵の驚くべき働きと一緒にいたのです。

神の驚くべき知恵を与えられて、ルシファーが天使長になったのです。ルシファーを天使長にしたのは神です。天使長に位づけられた時は良かったのです。地は形なくむなしくというのが宇宙構造だったのです。

まず神は天と地を造ったのです。これは天という原理、原則、地という原理、原則を霊的に造ったことを意味するのです。

この時にまだ地球を造っていないのです。その時に闇が淵のおもてに位することを望んだのです。天使長は目に見えるものが実体だという考えにこだわったのです。

闇は淵のおもてにありというのはそれを言っているのです。何か形があるもの、形体が存在するものを実体だと考えたのです。

これが肉の思いの源泉です。その時に自我という意識が発生したのです。これが死の法則です。天使長は自分の立場で自分の考えに固執したのです。これが闇が淵のおもてに位したということです。位したということが、自分自身の考え方にこだわったという意味です。これが自我意識の発端です。

皆様は今自我意識を持っています。自分がいると考えています。これは天地創造以前に悪魔が発明した意識です。これが自我という意識です。

自我意識とは何か。これについて聖書は次のように書いています。

「あなたがたは、自分の父、すなわち、悪魔から出てきた者であって、その父の欲望どうりを行おうと思ってる。彼は初めから、人殺しであって、真理に立つ者ではない。彼のうちには真理がないからである。彼が偽りを言うとき、いつも自分の本音をはいているのである。彼は偽り者であり、偽りの父であるからだ」（ヨハネによる福音書8・44）。

悪魔は偽りを発明した偽りの父だと言っているのです。悪魔はなぜ偽りかと言いますと、悪魔は天使長であった時に、神の番頭として神の仕事を任せられていたのです。

神から絶大な知恵、力、能力、才能を貸し与えられていた。初めは忠実に仕事をしていたが、だんだんと考えが変化していったのです。自分は宇宙で一番重要な仕事を任されて、それを見事に行っている。自分は宇宙で一番偉い。神よりも偉いと考え出した。

そして、自分は神から離れて独自に存在していけると考えたのです。神は命の本願です。神から離れたということは命から離れたということです。命から離れたことは死を意味するのです。そこで、宇宙に死が誕生することになった。悪魔が死を創造したのです。

悪魔が偽りの父だと言っていますが、なぜ、悪魔が偽りの父かと言いますと、悪魔は神から離れて自分が独自にいると考えた。これが自我意識です。また、目に見える現象が実体だと考えた。これが現象意識です。

自分がいる。神から離れた自分がいると悪魔が考えたのですが、神から離れるということが一体ありうるかどうかです。神は宇宙全体の存在です。宇宙全体から離れることが可能かどうかですが、そういうことはありえないのです。だから、自分がいるという考えは嘘、偽りです。また、現象が実体と言っていますが、現象は瞬間、瞬間、変化していて実体ではない。だから、悪魔が考えた現象意識は実体を捉えた意識ではない。嘘、偽りの意識です。

死とは何か。自我意識と現象意識が死の実体です。人間が死んでいる理由は、悪魔が創造した自我意識と現象意識を絶対の意識としているからです。もし人間が自我意識と現象意識を捨てることができたら、死から逃れることができるのです。ここに人間の望みがあるのです。

自我という意識が人間に伝承したのです。人間にということをもっとはっきり言いますと、男に伝わったということです。

男に伝承したということは、男は悪いということです。良いとか悪いと言いますと語弊がありますが、分かりやすく言えば、いわゆる殿方と言われる人々が悪いのです。

男の考えが間違っているのです。男は原罪を代表しているのです。男面というのがいわゆる自尊心であって、男が男面をやめてしまえば、世界に悪魔の巣窟がなくなるのです。

男は男面を絶対にやめないでしょう。これが世界を腐らせている原因です。ユダヤ思想は男性思想です。ユダヤ人は男を非常に重んじる民族です。男が悪いのです。

ユダヤ人が悪いのはモーセが悪かったからです。モーセが根本的に間違えたのです。モーセは男の考えに固執したのです。この考えがユダヤ人に伝わっているのです。

女は骨の骨です。女に原罪はありません。原罪を造ったのは男です。

聖書をよく読んでみますと、善悪を知る木の実を食べてはいけないと言ったのは、男に対してです。女に言ったのではないのです。

男は神の戒めを破ったのです。女は善悪の木の実を食べるなと言われていないのです。神が男に善悪を知る木から取って食べるなと言われてからだいぶ後に女が造られたのですから、女は善悪を知る木の実を食べるなと言われていないのです。

善悪を知る木の実を食べてはいけない。食べたら必ず死ぬと言われたのは男です。

男性意識を持っていること、殿方意識を持っていることが悪いのです。一体男性をなぜ殿方と言うのでしょうか。

男性がまず男面の看板を下ろすのです。そうすると、家庭はすぐ平和になります。そんなことをしたら女が付け上がると言われるかもしれませんが、女は付け上がるほど愚かではないのです。男がへりくだったら、女はいよいよへりくだるでしょう。

へりくだるという天性を神は女に与えているのですから、男は安心してへりくだったらいいのです。女性の本能は夫に仕えることであって、男性面に仕えるのではないのです。

男の自尊心のあり方、殿方的スタイルというのは、はっきり原罪のスタイルです。これを男がやめたら、日本の社会はすぐに良くなるのです。

キリスト教の人々はこういうことが分からないのです。人間存在の原点に係わることが分かっていないのです。そんなことで神が分かるはずがないのです。

皆様が救われるとしたら、個人として救われるのではありません。キリストの教会として救われるのです。キリストの教会は個人ではありません。集団的な人格です。

個々の人間が救われることはありません。神は心ならずも現象世界を造ったのです。これを甚だ良かったと神は言っていますが、これは悪魔を騙すために良くできたと神が喜んだのです。

悪魔は神のトリックに引っかかったのです。獣は獣の格好を持った。人間は人間のような格好を持った。皆それぞれの形を持つようになった。神はこの状態を見て、これなら悪魔が騙されると考えたのです。万物が現象として現われているのを神が見て、良くできた、これなら悪魔がまんまと騙されるに決まっていると考えたのです。

果たして悪魔は一杯引っかかったのです。今の現世をご覧ください。淵のおもてばかりが並んでいるのです。政治、経済、法律、教育、宗教、文化、文明は皆淵ばかりです。これを肉と言うのです。

人間にある色々な苦しみ、悩みとは何か。ある人間が傲慢な気持ちを持つなら、その人に肉体的な弱点、または精神的な弱点を与えるのです。経済的な弱点を与えるのです。そうして、威張れないように仕向けるのです。これは神の処置です。

人間は肉体人間であるという分際を忘れて、自分が全知全能の神のような者であると考えますと、その人が滅びてしまうのです。だから、パウロに目が悪いという棘を与えたのです。

パウロの肉体に棘を与えることによって、パウロ自身に精神的な謙遜を持たせるための神の処置だったのです。

肉体はありませんけれど、肉体的に生きているという事実があるのです。現象世界にいるからです。現象世界に生きている私たちは肉体的に生きています。しかし、肉体は実存していないのです。そこで肉体的な欠点のようなものを与えますと、本人はへりくだらざるを得ないのです。

パウロは次のように書いています。

「私は誇らざるを得ないので、無益ではあるが、主のまぼろしと啓示とについて語ろう。私はキリストにある一人の人を知っている。この人は十四年前に第三の天に引き上げられた――それが、からだのままであったか、私は知らない。からだを離れてであったか、それも知らない。神がご存知である――

パラダイスに引き上げられ、そして口に言い表わせない、人間が語ってはならない言葉を聞いたのを、私は知っている。

私はこういう人について語ろう。しかし、私自身については自分の弱さ以外には誇ることをすまい。

もっとも、私が誇ろうとすれば、ほんとうのことを言うのだから、愚か者にはならないだろう。しかし、それはさし控えよう。私が優れた啓示を受けているので、私について見たり聞いたりしている以上に、人に買いかぶられるかも知れないから。

そこで、高慢にならにように、私の肉体に一つの棘が与えられた。それは、高慢にならないように、私を打つサタンの使いなのです」（コリント人への第二の手紙12・1～7）。

十四年前に第三の天に引き上げられたとはどういうことかと言いますと、サウロがイエス・キリストを信じる者を片っ端から掴まえて牢に放り込んでいた時に、彼がダマスコの近くに来た時に、突然天から光がさして彼をめぐり照らし、彼は地に倒れて全く見えなくなったのです。彼は三日間目が見えず食べることも飲むこともできなかったのですが、アナニヤが手をサウロにおいて神に祈って、目が見えるようになったという事件があったのです（使徒行伝9・1〜19）。

人間が肉体を持っているということは、絶対的な事実ではありません。肉体を持っているということは、実はその人のイメージです。皆様が肉体を持っていると思えるのは、その人のイマジネーションです。肉体があるという思いは、その人のイメージによってできたイマジネーションです。

肉の思いはイマジネーション（imagination）です。現象意識はすべてイマジネーションです。皆様が肉体があると思っているのはイマジネーションだということが分かりますと、考え方がすべて変わってしまうのです。信仰とか女性に対する考え方も全く変わってしまうのです。

人間が肉体的に生きているということはイマジネーションであって、女性をイマジネーションによってどのように受け取るかということを考えていきますと、本当の女が分かってくるのです。

こういうことが分かりますと、皆様の人生観や世界観が全く変わってしまうのです。

皆様は自分のイマジネーションによって、現象世界があるものだと思い込んでいるのです。これを真っ向から否定しているのが般若心経です。五蘊とは何か。人間のイマジネーションは間違っていると言っているのです。

人間のイマジネーションを根本的に否定しているのは、般若心経だけです。世界中に堂々たる文化財として人間の考えを否定しているのは般若心経だけです。

聖書はもちろん現象を否定していますが、聖書の書き方は imagination of thought と書いています。人間の思いによってイマジネーションができている。これによってノアの洪水が起きたと書いているのです（創世記6・5）。

キリスト教はまともに、真面目に聖書を読んでいません。だから、人間の肉体も現象世界も実在していないということが全く分からないのです。

神と悪魔の大葛藤が聖書六十六巻になって大展開しているのです。神と悪魔が生きるか死ぬかの大葛藤をしているのです。

聖書の一句一句を命の光として読んでいくのです。そうしたら聖書が分かるのです。

聖書は大変誤解されています。般若心経も誤解されているのです。般若心経は五蘊皆空という事実をはっきり表現しているのです。

今日本で般若心経がもてはやされているのは、般若心経のムードが何となくよろしいから、そのムードがもてはやされているだけです。よほど熱心な人でも空という思想をもてはやしているだけのことです。

ところが般若心経は思想でもないし、ムードでもないのです。般若心経は人間の知識、常識が全部空だとはっきり言っているのです。

常識、知識で生きている人間は人空です。人空とは人間はいないことです。人空は我空と生空の二つに分かれるのですが、我が空です。生きているという事実が空です。我空と生空をひっくるめて人空と言っているのです。人空、法空と言いますが、人間はいないのです。般若心経はこのような驚くべき事実を提言しているのです。

釈尊はこの事実を見極めたのでしょう。見極めないで言うほど釈尊は不正直な人ではないのです。だから、般若心経の空は、ただの思想ではなくて宇宙的な事実を述べているのです。生命的な事実を述べているのです。

人間が考えるような人間はいないのです。これが五蘊皆空の本当の言葉の意味です。ところが、仏教では空が正確に捉えられていないのです。人間が考えているような人間がいると考えているのです。

聖書は般若心経以上に誤解されているのです。イエス・キリストによって罪が許される。人間は死んでから天国へ行くと考えている。こういうことは聖書に書いていないのです。

イエスと一緒に十字架に付けられた犯罪人の一人が、「イエスよ、あなたが御国の権威をもっておいでになる時には、私を思い出して下さい」と言った時に、イエスは、「よく言っておくが、あなたは今日、私と一緒にパラダイスにいるであろう」と言ったのです（ルカによる福音書23・42、43)。

この箇所があるから、キリスト教の人々も死んでから天国へ行けると誤解しているのですが、こういう考え方が全然間違っているのです。

パラダイスと天国とは全然違うのです。マタイによる福音書の十三章には天国の説明をたくさんしていますが、この中には死んでから行けるような天国は一つも書いていないのです。このように聖書は大変誤解されているのです。

イエスの復活については、キリスト教ではほとんど説明されていません。そういう状態です。日本では聖書は正しく説かれたことがないのです。それくらい聖書は誤解されているのです。

これは日本だけではありません。世界中で聖書は誤解されているのです。

聖書には、「イエスがキリストであることを信じる者は、神から生まれたのだ」とありますが(ヨハネの第一の手紙4・2)。イエスが生きていた実質がキリストです。目に見える人間としてのイエスではなくて、その本質、実体がキリストです。

これが聖書でいうイエスの御名(the name of Jesus)です。キリスト教ではイエスの御名がはっきり説かれていないのです。

イエスの名によって祈るということをキリスト教の人々はしきりに言うのですが、イエスの名がどういう意味か分からないのです。

肝心要のイエスの御名がそんな状態でありまして、神を全然考え違いをしているのです。

聖書の神はキリスト教が言っている神とは違います。神の名前（the name of God)、神の本質、神の実質は皆様の心臓が動いているということです。皆様の目が見えるということが神です。だから宗教で考えている神とは違うのです。

皆様の目が見えるということは、宗教的なことではないのです。耳が聞こえることも宗教ではないのです。聖書の神は宗教の神ではないのです。これをインマヌエルというのです。

皆様の体と共に神がいるのです。皆様の命が神です。これをインマヌエルと言うのです。このことをイエスが言いたかったのです。イエスの名というのはこれを意味するのです。

このイエスの名、誠の実体を私たちは学んでいるのです。

死にたくないと思う人は、本当の命について熱心に勉強して頂きたいのです。

皆様の目が見えることが生ける神です。この神を皆様は現在経験しているのですが、この神が全然分かっていない。だから、このまま死んでしまえばひどいことになるのです。目の黒いうちに、命の本質を勉強して頂きたいのです。

23. やがて人間も地球も完成する

人間の生活には個人としても混乱がありますし、国家にも混乱がある。人間は六千年の間、こういうことを続けてきたのです。六千年の間、人間はごたごたと混乱してきたのです。地震や津波の不安、洪水や台風、不景気、倒産、失業の不安、様々な病気の不安を持ちながら生きてきたのです。

人間は何のために生きているのかというこの簡単な問題が、未だに解決されていないのです。未だに分からないのです。

国は何のためにあるのでしょうか。世の中は何のためにあるのでしょうか。こういうものを造っている人間は何のために生きているのかという、極めて素朴な第一の問題が分かっていないのです。

一体何のために文明生活をしてきたのでしょうか。人間文明は錯覚の塊です。なぜ錯覚の塊になるかと言いますと、死ぬに決まっている人間が集まって生きているからです。死ぬに決まっている人間が造ったのが文明です。これは果たして文明という価値があるのかということです。

死ぬに決まっている人間、また死んでしまった人間が集まって歴史を造ってきました。学問を残してきました。これに何の価値があるのでしょうか。死んでしまった人間の思想に、どういう意味があるのでしょうか。

命には、二種類あります。絶対に死んでしまうに決まっている命と、絶対に死なない命と二つの命があります。皆様はどちらの命を持っているのでしょうか。

絶対に死ぬに決まっている命を自分の命だと思っていますと、必ず死ぬことになるのです。こういう単純でばかみたいな問題が、今の人間には分かっていないのです。

死にたくないという気持ちは誰にでもあるのです。死にたくないと考えていながら、死なねばならないと思っています。これはどういうことでしょうか。

人間はこういう根本的な間違いを鵜呑みにしたままの状態で、文明を造ってきたのです。人間は生きていますが、命がどういうものかが分かっていないのです。これはおかしいことです。

生きているということは、命を経験しているのです。皆様は現在命を経験していますけれど、命とは何かということになりますと、分からないのです。

人間文明は錯覚の塊

人間文明はそういう錯覚の塊です。原子爆弾一つさえもやめることができないほど、人間は、愚かです。これはアメリカやロシア、中国の指導者だけの話ではありません。大きく言えばアメリカやロシア、中国の指導者の問題ですが、小さく言えば人間どうしの矛盾です。人間どうしのお付き合いには、必ず矛盾があるのです。

皆様の家庭の中にもごたごたがあるでしょう。表面に現われなくても、内面的に問題がある に決まっているのです。

命の実体が分かっていない。本当の命に生きていない。人間の常識で生きているから、そういうことになるのです。人間の常識は命を知らない人間たちが造った便宜上の考え方です。こんなものは初めから当てにならないのです。

人間は常識で生活しているのです。生きていながら命が分かっていないということが、まともな生き方をしていないということの明々白々な証明になるのです。

般若心経はそういう考え方が基本から間違っていると、はっきり言っているのです。般若心経を読んでいる人は日本にはたくさんいます。一千万人もいるでしょう。ところが、般若心経の内容が全く分かっていないのです。

般若心経の字句の説明をする人はたくさんいますけれど、般若心経に現われている五蘊皆空、色即是空、究竟涅槃という言葉を、自分自身の命として実行している人は一人もいないのです。

般若心経の一切空という考え方、五蘊皆空という考え方を本当に実行することになりますと、現在の日本の仏教のあり方は、ほとんど消えてしまうでしょう。

どうして仏教が間違ったのかと言いますと、個々の人間が命についてまともな考え方をしていない。また宗教家も般若心経に対してまともな考え方をしていないからです。宗教観念で般若心経を掴まえていますけれど、自分自身の命の問題として、切実な考え方で取り上げていないのです。

般若心経の一切空という考え方、また色即是空という考え方が自分自身の生活の実体にならなくても、宗教的ならそれでいいのです。

聖書の場合も同様です。キリストによって罪が許されると言いますけれど、本当に罪が許されるのかどうか、これが分からなくても構わないのです。キリストならどちらでもいいのです。

宗教は信じてもいいし、信じなくてもいいのです。どちらでもいいのです。般若心経と聖書を宗教として取り上げますと、本気になって勉強する気持ちにならないのです。これは大変な間違いです。

日本の憲法に信教の自由をうたっています。宗教は信じてもいいし、信じなくてもいい、勝手にしなさいと言っているのです。宗教はそんなものです。勝手にしたらいいのです。

ところが、命の問題になりますと、勝手にしろではすまないのです。皆様が生きるか死ぬかの問題です。人間何のために生きているのか、死んでからどうなるのかという問題です。これが全く分からないのです。分からないままで人生の結論がつくと思われるのでしょうか。

皆様は五十年、六十年と現世に生きてきました。人生の経験を十分されたと思いますが、一体何を経験したのでしょうか。命について何を経験したのでしょうか。商売のこととか、仕事のこと、家族のことについては分かるでしょう。そういうことは十年も経験したら分かります。

ところが、肝心要の命のことが全然分かっていないのです。何のために生きているのか。なぜ死ななければならないのか。死んでからどうなるのか。こういうことが全然分かっていないのです。

死んだらしまいという人がいますが、死んだらしまいとどうして言えるのでしょうか。死んだらしまいというのなら墓を造る必要がないのです。死んだらしまいなら葬式もする必要がないのです。

ところが、葬式をしなければいけないというのが、それぞれの家庭の大問題になるのです。宗教を全然問題にしなかった旧ソ連でさえも、レーニンの墓はとても立派なものでした。霊魂を全然問題にしないはずの唯物史観の旧ソ連では、葬式を大々的に挙行し、巨大な墓を造っているのです。共産主義国の北朝鮮の指導者だった金日成の墓も立派なものです。

人間は思想とか主義に関係なく、死んだ人をそのまま捨てておくことができないのです。どうしてもできないのです。死後があるに決まっているからです。

現世に生きていたらそれでいいという無責任な考え方でいいのでしょうか。現世に生きているというのはどういう意味を持つのか、このことがはっきり分かれば、死なない命を見つけることはできるのです。

現在皆様が生きていることを、正確に、綿密に見つめていけば死なない命が見つかるのです。私たちは死なない命を見つけるために、新しい世界を創建する必要があるのです。

日本人は生活することには大変熱心ですが、命の問題については全然考えようとしていない。

死んでから墓を建てようというくらいのことは考えていますけれど、命のことは考えないのです。

生活のことは熱心に考えるが命のことを全く考えないというのは、全く無責任な、無自覚な考えです。人生についての正しい考え方が全くないのです。これは日本人の大欠点です。

日本には以前から般若心経に好意を持っている人がたくさんいます。今から千三百年前の万葉集とか、古今集を読んでみますと、空という感覚、諸行無常的な感覚がたくさん出ています。

諸行無常

諸行無常、諸法無我、涅槃寂静が仏教の三法印ですが、諸行無常の感覚が日本文化の中に非常にはっきり出ているのです。

ところが、明治以降の日本の文化には、そういう真面目な考え方がほとんどなくなっているのです。ユダヤ的な考え方になってしまったのです。

近代文明、現代文明を引きずり回しているのは、ユダヤ人グループです。白人を引きずり回しているのがユダヤ人です。経済主義、政治意識、法律意識、人権主義はほとんどユダヤ人によって造られたものです。

ユダヤ主義思想が日本に入った結果、日本の諸行無常的な良さは、ほとんど日本社会から消え去ってしまったのです。真面目な人生観がなくなっているのです。

最も、日本の王朝時代の人々が、真面目に命を認識していたのかと言いますと、そうではなかったのです。しかし、現在の日本人よりは比較にならない程、真面目であったということができるのです。

人間はただ生きているだけでは何にもならないのです。

六千年の人間文明は何をしていたのか。ただ現世に生きていただけです。ただ矛盾と混乱が続いていただけです。本質的な意味における文明の進歩は全くありません。ただ生活の形が変化しただけです。こんな文明は全く価値がありません。

人間の本質、命について考えない文明は、全く文明という名にふさわしくないものです。

人間はでたらめな生活をしているのです。般若心経は彼岸へ渡ると言っているのですが、向こう側の岸へ渡ることを提唱しているのです。

般若波羅蜜多とは、向こう岸へ渡る知恵をいうのです。日本では般若心経を一千万人の人が愛好していますが、向こう岸へ渡っている人が一人もいないのです。こんなばかなことがあっていいのでしょうか。

向こう岸へ渡るというのは、死なない命を見つけているということです。死なない命があることを、はっきり宣言している人が、今の日本には一人もいないのです。

日本人は命の本質を全然分かろうとしないから分からないのです。分かろうとしたら、命の本質は誰でも分かるのです。皆様が現在生きている状態を冷静にご覧になれば、命の本質は分かるに決まっているのです。

目の働きがどのようになっているのか。皆様の目は空《くう》を見ているのです。形がないものを見ているのです。例えば、ご馳走を見ると、おいしそうだと見えるでしょう。マグロの刺身やお寿司の盛り合わせをご覧になったらおいしそうだと思われます。おいしそうだというのは空《くう》です。目に見えないものは空《くう》ですが、それを皆様の目は見ているのです。人間の五官、霊魂はそういう微妙な働きをしているのです。

皆様は自分の魂のことを落ち着いて考えれば、死なない命を見つけることくらいは何でもないのです。

現に皆様の五官は、命の本質を見極めるだけの能力を十分に持っているのです。

皆様は現在この世に生きていますが、それはこの世に生まれる前に命の種があったということです。だから、現世に生まれてきたのです。

生まれるべく原因があったから、生まれてきたという結果があるのです。その原因は何であったのか。生まれる前の命の本質が、五官の本体として現在働いているのです。目の働き、耳の働き、舌の働きとして魂の中心になっているのです。

五官をよくご覧になれば、生まれる前の命、死なない命が分かるに決まっているのです。

これをはっきり知るためには、現在生きている命についての考え違いを、根本的に修正する必要があるのです。これが般若波羅蜜多です。

この世に生まれてから後の考え方、いわゆる物心を根本から捨ててしまうことです。五蘊皆空はこれを言っているのです。考え方を捨てるのです。命を捨てるのではありません。

人間は死ぬべき命を自分の命だと考えているから死ぬのです。死ぬべき命を自分のものだと考えているので、この考えを捨ててしまえば、死なない命が皆様に分かるのです。分かるに決まっているのです。これが五蘊皆空の原理です。般若波羅蜜多とはこのことを言っているのです。

この世に生まれてきた時の皆様は、死なない命で生きていました。ところが、この世の中でだんだん成育して物心がついたのです。自我意識を持ったのです。物心と自我意識をしっかり持って、大人になったのです。

大人の知恵はこの世の常識、知識で固まってしまっているのです。命が分かっていないのです。仕事のこと、家庭のこと、自分の生活のことで頭がいっぱいになっている。こういう状態では、命の本質は全く分かりません。

皆様は自分が生きていると考えています。これがこんがらがった考えです。命は皆様のものではありません、天のものです。この世に生まれてきたということは、業を背負い込んだことです。

生まれてきた、この世に生きているということが業です。これを果たしてしまわなければ、本当の命は分かりません。

業を果たす

業を果たすということは大仕事のように聞こえますけれど、業というのは、考え違いのことです。自分が生きていると思うことが、自分の業です。自分が幸いになりたいと思うことが人間の業です。これを捨ててしまうのです。捨ててしまえば業は果てるのです。自分が生きているという思いを捨ててしまえばいいのです。

色即是空ということが本当に分かれば、皆様の業はさらっと消えてしまうのです。そうすると、初めて、迷いではない、本当の命が見えてくるのです。必ず見えてくるのです。

命を捨てるのではありません、自分の考え違いを捨てるのです。これは当たり前のことです。自分の考え追いを捨てるのですから、全く当たり前のことです。ところが、これができないのです。だから死ななくてもいいものが、みすみす死ななければならないことになるのです。

死んだ後に、霊魂の裁きという問題があるから困るのです。死んでしまいなら何でもないのですが、死んでしまいにはならないのです。

現世に命を持って生まれてきた者が、その命を正しく生きていないということは、命そのものを冒涜したことになるのです。命を冒涜した者は、その責任を追及されることになるのです。だから困るのです。

人間文明が始まってから六千年経過しました。その間、人間は生きてきましたが、命を知らなかったのです。何とか命を知ろうとした人は、相当たくさんいたでしょう。

古代ギリシャでも、また中世の東洋でも、近世の白人社会でも、日本でも、本当のことを知ろうとした人はずいぶんいたでしょう。

ところが、命の本質を考えようとした人はあまり多くないでしょう。釈尊は人間が生きていることが空であるということを悟った。五蘊皆空を悟ったのです。

釈尊が空と言ったのは、空と言えるだけの実を捉えたのではないかと言えるのです。彼は実を見ることができた。つまり、明けの明星を見て悟りを開いたのですが、自分が生きているのが本当のものではないことを見極めたのです。

現在人間が生きているのは死ぬ命に生きているのです。死ぬべき命を自分の命だと思っている。こういう間違いをしているのです。

これをはっきり打開したのがイエスです。死を破ったという事実があるのです。これが新約聖書の中心テーマです。

新約聖書は永遠のベストセラーと言われていまして、世界中の人間に読まれているのです。世界で聖書は、毎年五十億冊から八十億冊発行されている。中には百五十億冊発行されているという説もありますが、なぜこんなに膨大な聖書が発行されているのか。その中にイエスが死を破ったという事実が、何百回も書かれているからです。

イエスが死を破ったということは、歴史的事実として認定せざるを得ないのです。人類歴史の中で死を破ったという事実はこの一例だけです。

日最日はイエスの復活記念日です。イエスは命の実体を正確に看破したのです。イエスは死んだけれど、イエスが持っていた命は死ぬべき命ではなかったので、黄泉《よみ》の世界から追い戻されたのです。

命を勉強するという立場から考えて、イエスの復活だけは信用できるのです。

現在人間が生きていることが空である。これも信用できるのです。現在生きている人間は死ぬに決まっているのです。だから、生きている人間は空です。また、イエスが死を破ったという事実は本当のことです。この二つのこと以外に信用できるものはないのです。

命を勉強するという角度から見て、本当に信用できるのは釈尊とイエスしかいないのです。

人間は生まれたいと思って生まれたのではありません。人間は生まれるべく余儀なくされたのです。生まれさせられたのです。

生まれさせられたというのは、自分の意志で生まれたのではないということです。また、親の意志で生まれたのでもない。そうすると、誰の意志なのか。天の意志、神の意志によって生まれたとしか言いようがないのです。

この場合の神というのは、日本の八百万の神々とは違います。人間に命を与えるもの、または命そのものの実体の人格です。宇宙人格、宇宙生命が神です。

このような絶対者の意志によらなければ、人間は生まれてくるはずがないのです。

人生が業であるのはどういうことかと言いますと、人生は与件です。与件というのは与えられた条件という意味です。人間は自分が生まれたいと考えたものでもない。また日本に生まれたいと思ったのでもない。また、今の両親の子供になりたいと思ったのでもない。男になりたいとか女になりたいと思ったのでもない。

人間は一切の条件に口出しをすることがなかったのです。一切与えられた条件によって生きているのです。人間は与えられた条件でしか生活できないのです。

例えば、自分の体重とか身長とかいうものも、与えられた条件であって、与えられた条件以外の生活をしようと思ってもできないのです。

人間は基本的人格と言いますけれど、自分が生かされている条件を自分でどうすることもできません。与えられた条件でなければ生きていけないのです。これが人生の本質です。これが業です。

基本的人権といくら言っても、業《ごう》から逃れることはできません。人間はこの世に生まれるべく余儀なくされたことが業の本質です。

そこで、命とは何か、人間は何のために存在するのか、何のために生きているのかという問題に取り組むのでなかったら、業を果たすことは絶対にできません。私たちが地球に存在することが業です。存在の根本が何であるかということを勉強するしか、業を果たす方法はないのです。

この問題について釈尊は生老病死という問題から取り組んだのです。なぜ人間は生まれたのか、なぜ死んでいくのか。なぜ年老いて病気になるのか。この問題に取り組んだのです。

人間存在の根本問題に取り組む以外に業を果たす方法はありません。このように言いますと、とても難しい問題のように思いますが、自分が生きていることが間違っているということさえ分かれば業が果てるのです。

人間は何が間違っていると言っても、自分が生きていると考えることほど大きい間違いはありません。自分が生きていると考えることが第一の業です。自分が生きているという考えが、間違っていることに気づけば、業を果たすための第一の関門を突破できるのです。

世界中のすべての人は、自分が生きていると思っていますが、本当に自分が生きているのでしょうか。

人間は誰も自分が生まれたいと思って生まれた人はいないのです。現世世界に二百以上の国がありますが、自分で生まれる国を選んだ人はいないのです。また、日本に生まれた人でも自分で生まれる年代を選んだ人はいません。奈良、平安、鎌倉、室町、江戸、明治、昭和、平成、令和とありますが、その時代を自分で選んだ人はいないのです。

また、日本には二千万の世帯がありますが、その両親を自分で選んだ人はいないでしょう。性別を自分で決めた人もいませんし、自分の顔形を自分で決めた人もいないでしょう。肌の色も、身長も髪の色も自分で決めた人はいませんし、自分の名前も自分で決めた人もいません。

生理機能も心理機能、五官も自分で造っていませんし、空気、水、太陽光線も、食物も自分で造っていません。自分はどこを探してもいないのです。全くいないのです。般若心経も聖書も、自分は初めからどこにもいないと断言しているのです。

自分がいないということは事実です。自分がいないということさえ分かれば、その人の中から病気も、様々な矛盾、苦しみ、悩みが消えてしまいます。死さえも消えてしまうのです。

人間は自分がいるといういわれもなく嘘に取りつかれているために死んでいくのです。これを全世界の誰もが知らないのが、不思議でならないのです。

一番大きい問題は自分の命があると思っていることです。これを撤回することです。皆様は自分が生きているという気持ちをやめたとしても、皆様の命がなくなるのではありません、やはり心臓が動いているのです。従って、自分が生きているという誤った考えを捨ててしまっても、皆様が生きているという客観的事実は少しも変わりません。

皆様方の命の本質を見極めるためにも、自分が生きているということの観念を捨ててしまうことが、業を果たすことの急所になると思われるのです。

キリスト教の人々は自分が救われたいと思って聖書を勉強していますが、これが間違っているのです。イエスは、「自分の命を救おうと思う者はそれを失う」と言っています（マタイによる福音書16・25）。これがキリスト教の人々は分かっていないのです。

キリスト教会に行く人々は、自分の魂が救われたい。自分の命が救われたいと思う人たちが行くのです。私がキリスト教が間違っていると断言する理由はここにあるのです。

自分を捨てる

自分が救われたいと思う者は、イエスの言葉に反しているのです。イエスは、「誰でも私についてきたいと思うなら、自分を捨て、自分の十字架を負うて私に従ってきなさい」と言っています（同16・24）。

自分を捨てなさいと言っています。自分が生きているという気持ちを捨てるのです。自分が生きているという気持ちを持ったままの状態では、自分を捨てるというイエスの第一条件に反していることになるのです。これもまた、キリスト教では言わないのです。

イエスの名、the name of Jesus がキリスト教では分かっていないのです。御名を崇めさせたまえというのは神の御名、父の御名のことを言っているのです。これはマタイによる福音書の六章九節にありまして、御名を崇めるとはどうすることか、これもキリスト教の人々は分かっていないでしょう。

御名を崇めるとはどうすることなのか。崇めるとはどうしたらいいのか、具体的にどうすることか。これが分からないのです。

それから、ヨハネによる福音書の一章十二節に、「彼を受け入れた者、すなわち、その名を信じた人々には」とありますけれど、これが分からないのです。

彼を受け入れるとはイエスを救い主として信じることですが、これは分かりますが、イエスの名を信じるとはどうすることか。このことをキリスト教では全く教えていないのです。

キリスト教ではこういう重大なテーマを見過ごしているのです。本当の神が分かっていないからです。

これは仏教でも言えることですが、阿弥陀如来の名号を唱えていますけれど、阿弥陀如来の名号とはどういうことなのか。これが分からないのです。

聖書でもイエス・キリストの名号がさっぱり分からないのです。実はこれが本当の命です。大無量寿経とか、仏説阿弥陀経とヨハネによる福音書を並べて見ていきますと、よく分かるのです。

阿陀如来の名号とイエス・キリストを並べてみると、とても面白いものがあるのです。興味津々たるものがあるのです。

こういう聖書の急所が、キリスト教では分かっていないのです。仏教も阿弥陀如来の急所が分かっていないのです。阿弥陀如来の急所は阿弥陀如来の名号です。ナムアミダブツとは何であるのか。これが分かっていないのです。ただナムアミダー、ナムアミダーと唱えていれば救われると思っているのです。こういう観念が宗教の悪い点です。

イエスの名の中に命があるのです。そこで、皆様が神の命を自分の命にしたいと考えたら、イエスの名を掴まえたらいいのです。そうすると、イエスがどういう生活をしていたのか。どんな生き方をしていたのかが分かるのです。

これが急所です。新約聖書の急所はイエスの名前です。

天上天下唯我独尊

釈尊が誕生した時に、「天上天下唯我独尊」と言ったという伝説がありますが、これは真実の陀羅尼みたいなものかもしれないのです。

天の上にも天の下にも、ただ一人尊いというのですから、考え方によって大きくも小さくも言えることになるのです。釈尊の一代記では、釈尊が生まれた時にそういう言葉を言われたということですが、生まれたての赤ん坊が、天上天下唯我独尊という言葉を果たして知っているかということです。しかし、知っていると言えなくはないのです。超人ならそういうこともあり得ると思います。

釈尊が生まれた時に釈尊がそう言われたということ、またイエスが生まれた時にメシアの星が輝いたということについては、非常に面白い対称になると思います。

天上天下唯我独尊ということを、私なりに感想を述べてみますと、人間の魂はその人にとっては、全く独一の尊い貴重なものです。魂の本性というものは、神の子です。なぜかと言いますと、皆様方の魂は神から出てきたからです。

パウロは、「万物は神から出で、神によって成り、神に帰するのである」と言っています（ローマ人への手紙11・36）。人間の霊魂は神から出てきたもので、神によって生かされている。そして神の元に帰るのだと言っていますが、人間の命は本来神のものです。神のものというよりも、人の魂は神の本質がそのまま生き写しにされているのです。従って、人の魂の本体が分かりますと、神そのものの実体がはっきり分かってくるのです。魂のことは自分自身がよく知っているのです。魂とは何か。宇宙に五十億の神仏があると言いますが、その全体が一人の魂の中に入ってしまうのです。これがキリスト意識です。世界全体の人間の命が、自分一人の魂の中に集約されてしまう。これがキリスト意識です。こういう受け取り方が魂に対する本当の理解です。

魂は自分一人のものだと考えることが、大変な間違いです。ですから、皆様は魂を大切にして頂きたいのです。私が生きていることは、皆様が生きていることと同じことです。だから、私が分かっても皆様が分かっていないということは、捨てておけない問題です。ですから、私が分かったように、皆様にも分かって頂きたいというのが、私の切なる願いです。

輪廻転生

宗教で輪廻転生と言いますが、これには肯定できる面と否定しなければならない面と両面あります。

否定しなければならない面を先に申しますと、ある宗派神道の教団では、人間は七回生まれ変わると言っています。私はその人に、あなたは今何回目ですかと聞いたところ、それは分からないと答えたのです。

自分に分からないことは、人には言ってはいけないと言っておいたのです。七回も生まれ変わるというのは、釈尊以前の時代のインドにそういう思想があったのです。仏教に伴ってこういう思想が日本に流れ込んできたのです。

仏教には本来輪廻転生という思想はありません。人間が何回もこの世に生まれるという考え方は、だらしがない不真面目な考えです。例えば、もう一度この世に生まれるという機会があると考えますと、今生ではせいぜい遊んで、飲んで食って気楽にやろうかという考えになるのです。これがいけないのです。

現在生きている命がたった一回だけの尊いものであるから、責任を持とうとしなければ、人間は真面目に命を勉強しようと思わないでしょう。

輪廻転生と言って、五百年前にインドにいたとか、二千年前にはエジプトにいたという、とんでもないことをいう宗教がありますが、これは全くのインチキです。そう言って人々をごまかす新興宗教があるのです。

これはシャーマニズムです。神霊科学の一種ですが、こういうものが働きますと、いわゆる霊が下りるという現象があります。そうして、今まで知らない言葉をべらべらしゃべり出すのです。うわごとみたいなことをいうのです。

聖書にも異言という言葉がありますが、これは邪道でありまして、言ってはいけないことです。パウロは異言ではなくて、人に分かるようなまともな話をしなさいと言っています。

何回も人間が生まれ変わるという思想はだらしがない思想です。

現在生きている命が、たった一回だけだということを真面目に考えなければ、本当の命の勉強はできません。輪廻転生という考え方には大反対です。これはとんでもない不真面目な考え方です。

真面目な意味で輪廻転生に生を考えてもよいという点は、現在の人はまだ本当の人間ではないということです。未完成の人間でありまして、皆様はまだ本当の人間ではないのです。

皆様は神にかたどりて造られている魂を持っていながら、神の子のように聡明に考えることができません。ですから、皆様の霊魂がまだ本当の力を発揮していないのです。

皆様の霊魂の力は、現在の力の何万倍という力を持っているのです。人間の霊魂には無限の可能性があるのです。イエスが風を叱ったり、波を叱って鎮めました。水をぶどう酒に変えたり、死人を生かしたりしました。こういうことができる力を霊魂は持っているのです。

霊魂は神のかたちのように造られているのであって、一人の人格の中に、全人類の人格が入っているのです。イエスはそう考えていました。自分一人が十字架にかかることが、全人類が死んでしまうということを知っていたのです。

これがイエス・キリストの十字架です。これがキリスト意識です。全人類を代表する意識です。このことは阿弥陀如来にも言えるのです。ですから、大無量寿経と新約聖書は似ている点があるのです。

神の約束がはっきり書かれているのは聖書だけです。仏典には神の約束はありません。どうして人間が造られたのかという説明が仏法ではできないのです。

なぜ地球が存在するのか。この説明も仏法ではできません。仏法では人間の人格を如来と言ったり、菩薩と言ったり、色々と抽象的に表現していますが、歴史的事実の人間存在をはっきり捉まえていないのです。

聖書は人間の歴史的存在をはっきり捉えているのです。どこの国の誰かということを掴まえているのです。この点が仏法と聖書とが違うのです。

聖書の特長は神の約束によって地球が造られたと書いています。地球が造られた目的をはっきり書いているのです。また、人間を造る目的があったのです。海の魚と空の鳥、地に動くすべての生き物、家畜と地のすべての獣を治めさせるために、人間を造ったのです（創世記1・26）。

人間は万物を治めるために生まれてきたのです。しかし、現在の人間は万物を治めるほどの実力を持っていません。これが未完成の人間であることを意味しているのです。

従って、皆様は現在の自分の状態を、本当の自分だと考えることを、やめて頂きたいのです。これは仮の自分だと思って頂きたいのです。

皆様の本当の実体は何か。嫌な自我意識を捨ててしまうと、本当の自分の命がだんだん分かってくるのです。

自我というのは、神と同じ性質を持っているのです。自分が生きていると考えるのです。自分が生きているという考え方は神だけができるのです。

神は自ら存在できるものです。自分で勝手に存在することができるのです。自分の意志で、自分の力で自分自身を存在させることができるのです。

自我の自分は自分の力で存在させることができないのです。そのくせ自分が生きていると考えるのです。これが人間が神のごとくになっているということです。

人間は自分が生きていると考えますと、善意利害得失を自分の立場で判断するようになるのです。

人間は自分の立場で判断してはいけないのです。自分の立場で物事を判断しますと、自分に都合が良い判断をするに決まっています。これが自我主義です。エゴイズムです。エゴを中心にして考えますと、その人自身に都合の良い判断をするに決まっているのです。客観的には間違っているという片手落ちの判断をするに決まっているのです。

これが神のごとくなった人間の状態です。業を背負い込んだのです。人間は罪を犯すことによって現世に追放されたのです。

これが原罪です。原罪とは先祖代々の罪のことです。この世に生まれたことは業であると言いましたが、原罪を持って生まれたのです。人間は嘘をいうつもりではなくても、知らない間に嘘を言っているのです。威張りたくなくても勝手に威張っているのです。自惚れるという妙なことをしているのです。

自に惚れるというのは人間だけの芸当です。自が自に惚れるのです。これが原罪です。原罪の塊が自我になって現われているのです。

本当の神に対抗する神様ができたのです。私という神様です。私という人格は本当の神に対抗する人格です。これが皆様を不幸にしている原因です。

嘘をつきたくないのに嘘をついている。喧嘩をしたくないのに喧嘩をしてしまうのです。威張りたくないのに威張っているのです。

自我意識から脱出する方法

人間が死にたくないのに死ななければならない原因は何かと言いますと、自我意識です。自我意識から離脱するためにはどうするのか。自分が自分ではないことを見つけたらいいのです。イエスという人格が分かると、自分の灰汁が抜けてしまうのです。はっきり抜けてしまうのです。

イエスとは何かと言いますと、言《ことば》が肉となって現われた状態です。言というのは皆様の命の本体です。魂の本体です。典の本体が肉体になって現われている。この状態をイエスというのです。

イエスが生きている姿がそのまま救いになっているのです。イエスとは、神が自分を生かしていることがそのまま救いになるという意味です。

実は自分が生きているのではない。固有名詞の自分が生きているのではないのです。原罪を自分だと思っていると、どうしても矛盾撞着が起きるのです。これをやめたらいいのです。どうしたらいいのかと言いますと、実は人間の本体はイエスです。イエスは客観的に生きている人格です。目が見えること、耳が聞こえることがイエスという意味です。

人間の五官が働いている状態がそのままイエスです。そこで私の主《あるじ》はイエスであると考えたらいいのです。これが主イエスです。これを主イエスというのです。主という短い言葉がキリスト教では分からないのです。私はこれが分かったので、キリスト教は間違っていると言っているのです。

皆様の本当の姿はイエスを言い現わすということです。

世界中のキリスト教が間違っているのです。日本のキリスト教だけではない。世界中のキリスト教が間違っているのです。カトリックもプロテスタントも、両方共間違っているのです。

やがて主イエス・キリストがこの地上へやってきます。その時に世界中のキリスト教は皆叩き潰されるでしょう。

私はあまりキリスト教の悪口を言いたくないのですが、肝心要のことを知らないから、そう言わなければならないのです。

聖書は宗教ではありません。命そのものです。命とは何か、イエスです。これは仏教信者であろうが、共産主流者であろうが関係がないのです。本当の人間とはイエスしかいないからしょうがないのです。

私は世界一周を一回して、多くの国の人と話をしてきました。そこで痛感したことは、全世界の信号は同じでした。赤止まれ、青進めは世界共通でした。

また、世界中の人が塩は辛い、砂糖は甘いと言いました。世界中の人間の五官、生理機能、心理機能は共通です。共通というのは同じということです。全人類の共通機能のことをイエスと言うのです。

皆様の五官がそれを証明しているのです。皆様の目の働き、耳の働き、舌の働きはイエスを示しているのです。

実は死を破ったイエスが皆様の本当の命です。これはキリスト教とは違います。キリスト教を離れて、天下の真理として、宇宙の真理として私は話しているのです。

キリスト教は間違っています。イエスが死を破ったということは、宇宙にたった一つしかない大原則であって、命を掴まえるのはこれしかないのです。

本当のことを知りたいと思われるのなら、命は自分のものではないことをまず悟って頂きたいのです。現在生きているのは、修養中の人間であって、修養がまだ終わっていないのです。勉強中であって、まだ卒業していないのです。

卒業するとどうなるのか。イエスと同じになるのです。死を乗り越えてしまうのです。そうして、死なない人間になるのです。これが人間完成です。死なない命を見つけることが、人間完成です。

地球も人間も未完成

今の地球は未完成です。こんな地球が完全だと思うことが日本人の通念ですが、これが物知らずなのです。

いつ地震が起きるかもしれないという地球が、完全な地球だと言えるのでしょうか。いつ大地震、洪水、津波、山火事、台風、竜巻きが発生するかも分からないのです。こんな地球が完全な地球であるはずがないのです。

砂浜がある。伝染病がある。洪水、津波、飢饉、旱魃がある地球が、完全な地球だと言えるのでしょうか。未完成の地球に未完成の人間が住んでいるのであって、現在の地球を本物だと思うことが間違っているのです。

ですから、私は現代文明は錯覚の塊だと言っているのです。人間が勝手に文明を造っているのです。人類の進歩と調和を、日本の万博がテーマとして掲げていましたけれど、こういう考え方が甘すぎるのです。

今の人間は未完成です。未完成の人間が未完成の地球に住んでいるのです。こんなものを本当の世の中と考えることが間違っているのです。

やがて完璧無類の世界が必ずやってきます。本当の世界、永遠の平和と言われる世界が必ず現われます。

イエスの復活によって新しい肉体が発生しているのです。現在の人間の肉体は非常に不完全なものです。呼吸機能、消化機能がいつ故障するか分からないのです。

イエスは全く新しい栄光体を持って、四十日間この地球にいたのです。ぶどう酒を飲み、焼き魚を食べて見せたのです。イエスは復活して完璧無類の肉体を持って現われたのです。

このことが新約聖書に堂々と書いてあるのです。全世界に公認された永遠のベストセラーである新約聖書に、復活後のイエスがこの地球上に現われたと、はっきり書いているのです。

その時のイエスの胃袋はどんなものであったのか。現在の医学はこれをどのように考えるかということです。

これを考えると、現在の学問のレベルは低いと言わなければならないのです。こんな学問を完全だと思うことが間違っているのです。科学も哲学も、政治家も経済学者も非常にレベルが低いものです。つまり、人間文明は完全なものではないことを示しているのです。

皆様の霊魂の値打ちはどれくらいのものかを知って頂きたいのです。本当の命を勉強しますと、全世界の完成というすばらしい問題が分かるのです。これが本当の輪廻転生と言えるでしょう。

現在の世界ではない、本当の世界が現われるのです。今死んでいる人間は黄泉にいますが、全部復活します。そうして、恵みを受ける者と刑罰を受ける者とに分けられるのです。これは秩序整然たるものです。

人間としてこの地球上に生まれた人間は推定で七百億人か八百億人はいるでしょう。もっといるかもしれません。やがて全部甦ります。そうして、神の審判を受けるのです。霊魂の審判をするのが、イエス・キリストです。

現在の世界は全く仮の世界です。やがて本当の世界が現われます。とても大きい意味において、もう一度人間は生まれてくるのです。これが宗教ではない本当の輪廻転生です。

日本人はこういうことを知らないのです。全く知らないのです。今の世界に本当に信用ができる学は一つもありません。だから、学問を信じたらいけないのです。

今皆様が生きている命は、必ず死なねばならない命です。これは百人が百人、千人が千人共分かっているのです。死なねばならない命に生きているということは、誰でも分かっているのです。

ところが、死ぬことを望んでいるかというと、決して望んでいないのです。人間は死にたくないのです。死にたくないという本質がありながら、死なねばならないと思っている。これはどういうことでしょうか。

死にたいという人も十万人に一人くらいはいるかもしれませんけれど、普通の人は死にたくないと思うのが当たり前です。

五官

人間が五官の働きで生きているということは、人間の本質である魂が五官の働きによっていつでも刺激されて、楽しい、嬉しい、美しいという経験を毎日しているのです。だから、死にたくないと思うのです。

皆様の魂は五官を通して、楽しい、美しい、おいしい、嬉しいということを経験しているのです。ところが、精神が間違っているのです。精神が死なねばならないと思い込んでいるのです。思い込まされているのです。

人間の本質は魂です。魂は直感的に美しいとか楽しいとか、嬉しいとかいう経験をしているので、嬉しい、美しい、おいしい、楽しいということに、非常に大きい魅力を感じているのです。これが死にたくないという気持ちが起こってくる原因です。

皆様は魂では死にたくないと思っているけれど、精神の方が死なねばならないという思想を吸い込んでしまっているのです。

五官は命を正しく経験しているけれど、皆様の思想の方、思いの方、または意識の方が間違っているのです。だから、死なねばならないことになってしまうのです。

仏教はだめです。仏教は一つの情報です。人間の命に関する情報を教えているのです。これが仏教です。キリスト教はキリストに関する情報宣伝をしているのです。

どんな宗教でもすべて情報を説いているのです。人間の教えを説いているのです。人間の教えはすべて情報です。大学で教えている学問も情報です。生活文化に関する情報です。学問という立派な名前で言われていますが、実は現世に生きるための人間の生活情報にすぎないのです。こういうものをいくら勉強しても何の足しにもならないのです。

生活のためにはなるでしょう。生活の足しにはなりますが、命の足しにはならないのです。皆様はそういう間違った生き方をさせられているのです。これは皆様がそうしたいと考えたのではありませんが、現代文明が皆様を出口のない迷路に引きずり込んでいるのです。皆様の思想、精神をそういうものの中へ引きずり込んでいるのです。

学校教育というやり方によって、皆様の頭は文明に束縛されているのです。引きずり込まれているのです。だから、般若心経を読んでいても、五蘊皆空が分からないのです。現在の常識で考えている人は、般若心経の本当の意味は絶対分かりません。

般若心経を毎日毎日唱えていながら、そして、読んでいながら、般若心経の意味が全然分かっていないのです。だから死んでしまうのです。

皆様の考え方は現代文明によって束縛されているのです。命に対する考え方が束縛されてしまっているのです。だから、死にたくないと思いながら死なねばならないと思い込まされているのです。

自分の本心ではっきり死にたくないと思いながら、死にたくないという言葉を口に出して言えない状態になっているのです。これは皆様の精神が萎縮しているからです。精神が萎縮している状態がひどくなると、、脳の働きが萎縮するのです。これが認知症と言われるものになるのです。

今の文明人はすべて精神が萎縮しているので、命に対する自由な考え方を持つことができないようになっているのです。

文明は皆様を現世の生活に縛りつけているのです。文明はそういう害悪があるのです。こういうことに皆様は全く気がつかないのです。

文明は学校教育という美名に隠れて、人間の魂を束縛しているのです。皆様はとんでもない被害者です。

文明は人間の生活のためにあるのです。生活のために、学問を利用することは結構です。ところが、学問は命のためには全く価値がないのです。全く価値がないどころか、人間の命の自由さ、命に対する考えの自由さを極端に束縛しているのです。

学校教育を受けた人ほど、命に対しては無知です。むしろ、学校教育を受けなかった人の方が、命に対しては自由な気持ちがあるようです。

般若心経を読んでいて比較的分かりやすい人は、学校教育を受けていない人です。学校教育を受けている人は、自分は大学を卒業したと思っているために、命に対しては大変な害悪になっているのです。これが大学教育の悪さです。

大学教育はそういう悪さを持っているのです。これがユダヤ主義です。ユダヤ主義というのは人間の考え方を現代文明に縛りつけてしまうのです。現世に縛りつけてしまうのです。永遠の命を考えられないように仕向けているのです。

現世主義、文明主義のために、皆様は生きていながら命が分からないのです。生きていながら、命の実質が全く分かっていないのです。だから、何のために生きているかが分からないのです。

現代人は生活はしていますけれど、生きてはいないのです。生きるというのは命の実質を弁えて、命の本体を弁えて、命の本当のあり方を生きることです。

ところが、現代人はそういう生き方をしていないのです。般若心経に書かれている五蘊皆空を実行していないからです。究竟涅槃を実行していないのです。

究竟涅槃を実行しているなら、命を生きることができるのです。ただ生活をしているだけでは命を知らないのです。

こういうことを日本人は全く考えなくなっているのです。昔の日本人はこういうことをよく考えたのです。明治時代の父親は子供によく言ったのです。「生あるものは必ず死する。形あるのもが必ず壊れる。覚えておけ」と言ったのです。

明治時代の父親はこれを教えたのですが、今の父親はこういうことを全く教えないのです。これだけ日本人は安物になったのです。

昔は世間一般の人が「生あるものは必ず死する。形あるものは必ず壊れる」と言ったのです。これが日本の家庭の基本概念でした。こういう考えが現在の日本ではなくなっているのです。

現代文明は生活ばかりを考えているのです。この世に生きている命が、本当の命だと考え込まされているのです。肉体的に生きている命を本当の命だというように考え込まされている。これが学校教育の弊害です。こういう意識が日本中に広がってしまっているのです。

皆様が現代教育を受けるのは結構です。生活のために教育を活用するのは結構です。しかし、教育は命のためには何の足しにもならないのです。足しにならないどころか、教育を受ければ受けるほど、現世主義一辺倒になるのです。頭が萎縮してしまうのです。脳細胞が萎縮してしまうのです。

常識が間違っている

常識だけで生きているということは、惚け老人をつくるだけです。老人惚けしてしまいやすいのです。常識で生きているということは、半分は惚けているのです。だから、色即是空という簡単なことが分からないのです。

色不異空、空不異色、色は空に異ならない。空は色に異ならない。これが分からないのです。だから、現世に生きるという位置にしがみついているのです。

ところが、常識は生きている間しか通用しません。仏教の常識、キリスト教の常識を宗教が教えているのです。宗教の教義は常識的に教えているのです。これは生きている間は何とか通用しますけれど、この世を去ってしまいますと、宗教の常識は一切通用しないのです。全く通用しません。

こんなものを勉強して何になるのでしょうか。皆様が勉強しなければならないものは、宗教ではない般若心経です。宗教ではない聖書です。宗教である般若心経、宗教である聖書をいくら読んでも何もならないのです。

命のために般若心経を学ぶのです。命のために聖書を学ぶのです。命の実質を捉えるために、般若心経や聖書を学ぶのです。私はこれを提唱しているのです。

文明は人間の生活のためにあるものです。人間の生活は魂がこの世に出てきてから始まったのです。生活が悪いというのではありません。生活は当然あるべきものです。私たちが肉体を持ってこの世に生まれた以上、生活しない訳にはいきません。ところが、生活が人間が生きている目的ではないのです。

中世文明とか古代文明になりますと、幾分かは迷路ではない面があったのです。これは宗教に対する考え方が、現在のような営業主義ではなくて、もっと真剣な宗教の考え方があったのです。だから、命をかけて宗教を勉強しようという考えが日本にもあったのです。これは日本だけではなくて、世界的にもそう言えるのです。

古代文明や中世文明は、現代文明ほど生活一辺倒ではなかったのです。現代文明は現世に生きている人間の生活を非常に過大に取り上げる結果になってしまいました。基本的人権という言い方で、人間が現世に生きていることが一番良いことのように考えてしまっているのです。

生活主義、この世で生きていることが文明だというような考え方が、しっかり根をおろしてしまったのです。昔も生活はありましたが、昔は生活しながら命についてできるだけ考えようという、素朴な気持ちが現代人よりも強かったのです。昔の人の方が現代人よりも幾分かましな考えをしていたのです。

人間の霊魂は命の本質を見極めることが目的です。霊魂の本質は死ぬべきものではないのです。そこで、現世にいる間に、霊魂の永遠性を勉強しなければならない責任があるのです。しかし、これができる人は非常に少ないのです。昔でも本当に命の勉強ができた人は非常に少なかったのです。現在ではそうしたいという人はほとんどいないのです。

般若心経を読む場合には、一字一句の意味があることをよく考えて読むことです。観自在というように一句一句文字の意味を考えて読むのです。そうすると、皆様の脳細胞の状態がだんだん現代文明から離脱することができるのです。

生活一辺倒のこの世の考え方から逃れ出すことができるのです。般若心経の文字そのものを、ゆっくり心に刻むような形で読むのです。

私も般若心経を読んでいますけれど、般若心経を読みながら、その文字を頭に描いて読んでいます。言葉だけを発音するのではなくて、文字が頭に浮かぶようにしっかり一字一句、心に刻み込むように文字を読むのです。

そうすると、皆様の精神が現代文明から解放されるようになるでしょう。

現在の宗教が全部嘘というのではありません。現在の宗教家のやり方が嘘だと言っているのです。般若心経の五蘊皆空、色即是空は本当です。究竟涅槃はますます本当のことです。その文字に偽りがあるのではありませんが、それを取り扱う人が宗教的な感覚でしていますと、せっかくの究竟涅槃が空っぽになってしまうのです。

こういうことを考えて、文字を一字一字頭に刻み込むようにして頂きたいのです。

聖書を読む場合にはもっと厳しいのです。聖書は一字一句命の言葉そのものがはめ込まれていますので、聖書を読む場合には般若心経よりも、もっと真剣に読んで頂きたいのです。自分の精神を傾け尽くすような読み方をしないとだめです。

聖書を勉強していても、今の命を認める状態で読んでいたら、本当の聖書は分かりません。自分が生きているという気持ちをそのまま認めた状態で聖書を学んでいると、キリスト教になってしまうのです。

今生きているのが本当の命だという気持ちを、何となく持ったままの状態で聖書を学んでいても、キリスト教の勉強にはなりますが、本当の聖書の勉強にはならないのです。

現在の命を認めているということは、永遠の命を認めていないことになるのです。逆に言いますと、現在の命を認めないという気持ちを持って聖書を勉強すると、本当の命を掴まえることができるのです。

仏典でも、聖書でも、学ぶ時の気持ちがどこまでも真正直に、自分の頭で読まないで、聖書の中へ入り込んでしまうような気持ちで読むのです。般若心経を読む時には、般若心経の中へ入ってしまうような気持ちで読んで頂きたいのです。これが皆様の命をやりかえる唯一の方法です。

最初から般若心経の言葉を頭に刻み込もうと思ってもできません、少々修練を要するのです。修練を積まないとできません。

私の場合には時々散歩をします。散歩しながら般若心経を唱えるのです。歩きながら般若心経を唱えるというのが、ちょっと難しいようでしたら、家の中で般若心経を読みながら、その意味を考えて頂ければいいと思います。

読みながらその文字を一字一句見て確認するのです。般若心経を十分に読みこなして頂きたいのです。般若心経とできるだけ親しくなるのです。こういう気持ちをまずお持ちになったらいいと思います。

最初から頭に刻み込むという読み方はできません、とにかく、読んでみるという気持ちは大変結構です。できたら、般若心経を暗唱して頂きたいのです。家事をしながらでも、般若心経を唱えることはできるのです。大工さんや左官さんなら、般若心経を唱えながら仕事をすることも、場合によってはできるのです。

とにかく、自分の生活の中へ般若心経を入れ込んでしまうようなやり方をして頂きたいのです。なぜ般若心経を一生懸命にするのかと言いますと、皆様が今生きている命は必ず死ぬ命だから、この命から出るためにするのです。

死なない命を掴まえるのが人生最大の責任

今皆様が生きている命は、必ず死ぬ命です、これをよく考えて頂きたいのです。目が黒いうちに、死なない命を掴まえなければならない責任があるのです。誰でも霊魂に対してそういう責任があるのです。

この世に生まれてきた以上は、自分自身の霊魂に対して死なない命を見つける責任があるのです。これは個々の霊魂に対する責任です。生活のことよりも、霊魂に対する責任の方がもっと大きいのです。もっと重いのです。

なぜかと言いますと、今の日本では生活ができなければ生活保護によって生きていけるのです。だから、真面目に働くという気持ちさえあれば、今の社会では生活できるのです。

ところが、皆様の霊魂のことを、国は考えてくれません。生活のことは考えてくれるけれども、命のことは自分で考えるしか方法がありませんから、自分で考えて頂きたいのです。この世に生まれてきた以上、生まれてきたことに対する責任をはっきり自覚して頂きたいのです。

人間の霊魂は無限の能力を約束されているのです、例えば、釈尊とかイエスという、いわゆる超人と言われる人と同じだけの力量を皆様には与えられているのです。イエスと同じこと、釈尊と同じことができて当たり前です。

イエスや釈尊を特別偉い人と考えるのが間違っているのです。釈尊と皆様とどこが違うのでしょうか。釈尊がしたことを皆様ができないはずがないのです。絶対にありません。皆様も私も同じことです。だから、私と同じことが言えなかったら、いけないのです。同じことが言えなかったら、現世を去ってから大変なことになるのです。

自分の魂に対する責任を実行しない人は、それだけの審判を受けなければならないのです。皆様には人格というすばらしいものが与えられているのです。

皆様に与えられている人格はすばらしいものです。この人格をはっきり活かしてください。単なる人間として生きないで、人格的に生きるのです。そうすると、般若心経も聖書もよく分かるのです。

権とは何か、現在の学問では説明できないのです。権威、権利、権能、権益、権限、権勢、権力と言いますが、権という言葉の内容が、学問では説明できないのです。哲学でも分からないのです。

権威とは何に基づいていうのか。権という字の本当の意味は何かというと、権という言葉の根源をなすものがキリストです。他人よりも抜きん出ること、一般の常識概念や生活概念、自然現象から抜きん出ると分かるのです。

権という言葉を使う場合には、無意識にキリストを考えているのです（コロサイ人への手紙1・16）。

例えば、基本的人権という言葉を使う時にはキリストを考えていません。キリストを考えたら人権という言葉は成立しないのです。ところが、人権という言葉はキリストという意識を編入しなければ、人権という言葉は使えないのです。そうすると、基本的人権という概念は無意識にキリストを基礎にしていることになるのです。

人間になぜ基本的人権という途方もない権利があるのか。これはイエスが十字架につけられて復活した。この復活の命がすべての人に与えられている。従って、復活の命を基礎にして考える時に、基本的人権が成立することになるのです。また、権威も、権限も、権勢も、権力も、復活の命を踏まえた時にあり得るのです。

現代の文明社会で一番悪いのは、命とは何か、生とは何か、死とは何かということを見極めていないことです。

生命と言いますけれど、生《せい》と命《めい》とは違います。生というのは宇宙の命です。宇宙がある。万物がある。人間がある。この「ある」ということの本質が生と同じ意味になるのです。これが分かっていないのです。

仏教ではこれが全然分かりません。仏教は空と無ということをしきりに言いますが、有とはどういうことかが説明できないのです。有というのはあるということです。

例えば、机があるとします。机の説明をしても机があるということの説明にならないのです。地球があるのです。人間がある。皆様の命があるのです。死んでしまうと、あるということから欠落するのです。あるという状態が消えて、ないという状態に入ってしまうのです。これがなきものです。

死んだものというのは、常識的に死んだものか、本当に死んだものとなるのかの二種類あるのですが、こういうことは常識では分からないのです。

常識的に言いますと、皆様の親族が亡くなったとします。これは眠っているだけです。この世から消えて眠りについたのです。いわゆるご永眠したのです。永眠しているのですから、やがて目を覚ますことになるのです。

皆様が常識的に生きているということは、眠っていることになるのです。起きていないのです。そこで宗教とは何か、神とは何か、仏とは何かが分からなくなるのです。

常識的に生きているということは、肉の思いで生きているのです。肉の思いで生きているということは、既に死んでいることです。「肉の思いは死である」と聖書に書いています（ローマ人への手紙8・6）。人間の常識は死んでいる心理状態を意味するのです。

死んでいる人間の心理状態ですから、真理とは何か、神とは何か、命とは何かが一切分かりません。眠っているから分からないのです。私は皆様に、「起きよ、起きよ」と言っているのです。

神があるとかないとか言います。眠っている状態で言っている神という言葉と、起きている状態でいるところの命、神は全然違うのです。

死んだ人は今眠っています。しかし、やがて地球は消えてしまいます。そうして、眠った者は全部起こされるのです。

あるとは何か

今地球があります。「ある」とは何かが、哲学や宗教では絶対に説明ができません。地球がある。空気がある。太陽がある。「ある」ということの説明ができないのです。これがキリスト教では分からないのです。「ある」という簡単なことが分からない。そこで、キリスト教は宗教になってしまうのです。聖書を勉強していながら宗教になってしまっているのです。

現在皆様は生きていると考えているでしょう。人間が生きていることは、「ある」ことを意味しないのです。人間が生きているというのは一つの状態です。ところが、人間が「ある」から生きていることが成立しているのです。

私が存在しているから生きているという言葉が使えるのです。存在していることが説明できない状態では、生きているということが分かっていないことになるのです。

「ある」ということが神です。これがキリスト教では分かりませんし、ユダヤ教もこれを掴まえていないのです。ユダヤ教の神はユダヤ教の頭でひねり出した神です。キリスト教の神はキリスト教の頭でひねり出した神です。これは仏教でひねり出した仏と同じことです。これは人間の頭から湧いて出た神です。

これはいくら信じてもだめです。人間が人間の観念を信じているだけです。鰯の頭も信心からと同じことです。

問題は「ある」ということです。「ある」ということは絶対です。「ある」という事実にしっかり両足をつけて考えれば、イエスかノーかがはっきりするのです。「ある」ということを踏まえずに、ただ観念論でがたがた言っていてもだめです。

現在の人間は「ある」ということを知らずに死んでしまっているのです。こういう人は幻覚のうちに生きていたのですし、現在も幻覚にうちに生きているのです。

ところが、幻覚のない所で目を覚ますのです。眠っている時は幻覚ですが、目を覚ますと地球がなくなっているのです。現在の物質があることが消えてしまっているのです。物がなくなったという状態があるのです。この状態を霊と言うのです。

霊なる状態で死人が目を覚ますことになりますと、大変なことになるのです。生きている間に全然考えなかった世界へ、裸で放り出されるからです。

現世で常識だけで生きていた人は、死んでしまう所まではそれでいいのですが、やがて目を覚ますことになりますと、気の毒なことになるのです。

皆様は現在地球に生きているのですから、「ある」ということを勉強して頂きたいのです。そうすると、死んでいる人を助けてあげることができるのです。これが本当の法事です。現世にいる家族の人が本当の悟りを開いて、本当の命、本当の「ある」ということを掴まえて頂きたいのです。

現世に人間がいるのは夢幻のようにいるのです。肉体的に生きているということは幻です。これはやがて消えてしまうのです。やがて消えてしまって、幻ではない命がはっきり現われてくるのですが、これを今皆様の目の黒いうちに掴まえるのです。これを究竟涅槃というのです。究竟涅槃は入口です。

究竟涅槃だけで「ある」のが分かるのではありません。究竟涅槃とは一切空という場に立つのであって、この場に立たなければ本当の存在は分からないのです。

一切空の場に立つと、初めて「ある」とは何かが分かってくるのです。空の場に立たないで、神が何か、仏が何かと議論すると、ただの宗教理論、宗教観念になるのです。

五蘊皆空の中へ飛び込んでしまうのです。究竟涅槃の中へ入ってしまうのです。今まで生きていたことが全く空であるという事実に立つのです。これがキリスト教ではできないのです。できないから、イエス・キリストが全然分からないのです。神が全然分からないからです。私とキリスト数の人々の違いはこういう所にあるのです。

地球はできたのです。できたものは消えてしまうに決まっているのです。地球が消えてしまいますと、人間の理屈が一切通用しない世界が現われるのです。これを絶対の世界というのです。目に見える物質的な地球が消えてしまいますと、「ある」という世界が現われるのです。これが本当の世界です。「ある」という、真実の世界です。

現在この世に生きている人は、真実、真理の世界を知りません。そこで、この世を去って、眠っていた目を覚ますと困るのです。さて、どこへ行ったらいいのか、どうしたらいいのかさっぱり分からないのです。

霊魂は不滅ですから、現世を去った人は眠っているだけであって、やがて目を覚ますのです。そうすると、怖いことになりますから、この世に生きている間に、このことを考えて頂きたいのです。

現在皆様は死んでいるのです。「ある」ということが分からないからです。命の本体が分からないからです。

命《めい》というのは現世に生きる状態です。命の本質は生《せい》です。生《せい》が命《めい》になって現われているのです。生《せい》と命《めい》の両方がある間に、生《せい》を掴まえた人は勝ちです。命《めい》だけしか分からない人は、死んでから裁きを受けることになるのです。目の黒い間に勝負をするのです。

どうぞ、自分の命のことを真面目に考えてください。これは永遠の運命に係わることですから、重大問題です。本当の命が分からない原因は何かと言いますと、存在することが分かっていないからです。

これは哲学の話ではありません。人間の命の実体のことです。人間は「ある」ということを掴まえることが目的です。これをよく考えて頂きたいのです。

人間は死なねばならない状態で、この世に生まれてきたのです。私たちは生まれたいと思って生まれたのではありません。生まれたいと思って生まれた人は一人もいないのです。生まれたいと思って生まれたのではないということは、客観的には生まれたのですけれど、生まれたということを主観的に認識している訳ではないのです。

人間は自分の命を持っているのではないのです。自分が生きているのではないのです。私たちは人格を与えられています。人格を与えられていますから、自分が生きているような気がするのです。そういう気がするだけです。

生きるという言葉は、走るとか、歩くという言葉と同じように自動詞です。自動詞は本人の自由意志によって動き出すことを意味するのです。

人間は生まれるという自動詞を用いていますけれど、自分の意志で生まれた経験がないのです。これは生まれさせられたということができるのです。しかし、生まれたのではないのです。従って、皆様は自分の意志によるのではなくて、客観的な方法によって生まれさせられたのです。

皆様は天地自然の理法に従って、おのずから生まれてきたのです。おのずからというのが皆様の親です。このおのずからとは何かということです。これを皆様が見つけたら、自分の意志によって生まれることができるのです。おのずからの本体は何かと言いますと、「ある」ということです。

「ある」というのはおのずからであって、これがはっきり分かるか、分からないかによって、皆様がこの世に生まれてきた目的を果たしたかどうかが決まるのです。理屈をいくら覚えてもだめです。いくら苦労をしてもだめです。

人間の命は「ある」という所から出てきているのです。これは大間違いです。カール・マルクスというユダヤ人が、人間は偶然に生まれてきたと言っていたのです。従って、共産主義というのは土台を持たない主義です。人間は社会的、経済的には土台を持っているでしょう。しかし、人間存在から考えると、マルクスの理論は全く子供じみた、だだっ子みたいな理論になるのです。これが資本論です。こういうものに興味を持つ人が大変多いのです。

皆様は今生きていると思っていますが、それは人間の思いでそう思っているのです。人間の思いは徹底していないのです。人間の思いは常識に基づくもので、生きている間は通用するのですが、この世を去ってしまえば一切通用しないのです。

皆様が勉強しなければならないのは、この世を去ってからでも通用するものです。これを聖書では新しく生まれると言っているのです。

この世に生まれた人間は自分の自由意志で生まれたのではありませんから、改めて、皆様方自身の意志によって、命の本質をはっきり捉えるのです。これを新に生まれるというのです。これはしなければならないことです。やらなければならないことです。これをしないでごまかして生きていたら、必ず罰金を取られるのです。責任を果たさなかったから必ず追及されるのです。

税金を納めなかったら追及されるのと同じことです。引っ越してもどこまでも追いかけてくるのです。皆様に与えられている能力を利用すれば、命の本性を究明することはできるのです。

おのずからの命

私は死にたくないと考えたのです。これを真剣に考えたのです。それだけで、おのずからという命を教えられたのです。

神は愛という本性に従って、私たちにアピールしているのです。例えば、太陽光線の状態です。太陽光線が照っていると明るいですし、また、暖かいのです。これが愛を示しているのです。

皆様の心臓が動いているのは、おのずからの命が心臓に働いているのです。皆様は鼻から息を出し入れしようと思わなくても、自然に呼吸ができているのです。自然に呼吸ができるということが、皆様が天地の命で生かされているということです。

人間が現世に生まれてきて、なぜ矛盾の中へ放り込まれたのか。なぜ命が分からない状態で生かされているのか。もし私たちの人生が完全無欠であったら、命を求めようとはしないでしょう。毎日遊んでいるでしょう。

現世で苦労しなければならない状態で生まれたということ、人生は何かということを考えなければならない状態で生まれたことが、神の愛の処置です。

神は皆様を業の下に突き落としたのです。悪因縁の下へ放り込んだのです。なぜそういうことをしたのかと言いますと、悪因縁にほとほと閉口して、悪因縁から逃れるために、本当の悟りを開きたいという気持ちを持たざるを得ないように、おのずからが仕向けているのです。神がそのように仕向けているのです。

私たちはこの世において、人間関係において、人生について矛盾を感じるということは、実は神の愛だというようにお考え頂きたいのです。

私はこの神の愛をまともに受け取ったのです。現世において、何のために生まれてきたのか分からないような状態ではいけないと考えたのです。

人間は一体何のために生きているのか。ただ食って寝て、子供を産んで死んでいく。これはどこかおかしいと考えたのです。何か人生には重大な秘密があるのではないかと考えたのです。一生をかけてこのことを徹底的に究明してやろうと考えたのです。

私は現在、私自身が生きているのではありません。宇宙の命が私という格好で生きているのです。これが分かっていますから、私は死にません。ただ肉体と精神状態が分かれるだけです。これが現世を去ることです。

現世で皆様は矛盾や苦しみ、悲しみを感じなければ生きていけないという条件でこの世に生まれたのです。これがおのずからの愛の処置です。

皆様の人格は神の人格と同じものです。神と寸分違わない人格です。だから、自分の主観的な考えを捨てて、本当の自然に帰るのです。おのずからに帰りたいという願いを持って、自分の命をご覧になれば誰でもできるのです。

神が人間に人格を与えたのは何のためかと言いますと、経験させるためです。生きるためとか、勉強するために生まれたのではない。経験するために生まれたのです。これが人生の目的です。

生《せい》と命《めい》

人生で何を経験するのかと言いますと、生《せい》を経験するためです。命《めい》を与えられたのは、生《せい》を経験するためです。

皆様は今命《めい》を経験しているのです。命《めい》を経験している間に、生《せい》を掴まえるのです。これを神を経験するというのです。

神を経験するというのは難しいことではありません。そのやり方を少しお話しします。この方法はたった一つしかありません。上手も下手もないのです。アメリカ人も日本人もないのです。全世界の人が経験できるのです。

例えば、花を見ると美しいと思います。きれいだと思います。きれいだとなぜ思うのでしょうか。五官によってそれを感じているのです。五官の働きというのは、霊魂の働きです。霊魂に目があるのです。これが五官として現われているのです。ご馳走を食べておいしいと思う。これは皆霊魂の働きです。

おいしいと感じるのは、おいしいという当体があるから感じるのです。おいしいという当体、美しいという当体が、皆おのずからの正体です。これが「ある」ということの当体です。

「ある」というのは実におごそかな存在です。これは誠に厳粛なことです。日本では道元とか、親鸞とか、日蓮とか、弘法大師とかいう有名なお祖師さんが現われましたが、私がいうようなことを全然理解していなかったのです。

般若心経と聖書を両方並べて勉強する人がいなかったからです。私は幸いにも、この両方を勉強することを教えられたのです。宗教ではない般若心経と聖書を詳しく勉強した結果、本当の生《せい》、「ある」ということの実体を教えられたのです。

おいしいということの当体が「ある」ということです。美しい、すばらしいということの当体が「ある」という永遠の生命です。これを受け取っている五官も、「ある」から出てきたのです。おいしいということも、それを受け取っている五官も、両方共永遠の生命です。私たちはこのようにして、永遠の生命の実物を経験しているのです。これが分かったことが、彼岸の世界に入ったことです。

24. 彼岸に入るために

般若心経は、般若波羅蜜多と言っていますが、彼岸がどういうものか、全然説明していないのです。彼岸へ行ったとは、何処へ行ったのか。向こう岸へ行ったというでしょう。向こう岸は何処にあるのか。釈尊自身にも説明できないのです。

なぜかと言いますと、釈尊が見た一見明星は、やがて来るべき新しい国を示しているのです。しかし、釈尊は、現実にそれを掴まえたわけでも、そこに生きたわけでもないのです。

そこで、釈尊の思想であるかどうか分からない、仏国浄土という思想ができてくるのです。釈尊は、明星を見たが、明星の実体について、全然説明していません。できなかったのです。

宇宙は、厳然として明星を見せるのです。それきり、何の説明もしないのです。神とはそういうものです。

イエスが死から甦ったことは、人間に新しい歴史が存在するに決まっていること、新しい歴史がこの地球に実現するに決まっていることを、示しているのです。

旧約聖書でダビデは、「神の真実がこの世でありありと現われるのでなかったら、神を信じない」と言っているのです。神の恵み、愛、永遠の命が、この世で事実証明されるのでなかったら、神なんか信じないと言っているのです。

イエス・キリストは、ダビデの末裔であって、ダビデの思想を受け継いでいるのです。イエスが復活したことは、実は、人間完成の実体が示されたのです。今の肉体ではない、もう一つの体があることを証明しているのです。

今の肉体を脱ぎ捨てて、もう一つのボディーを受け取ることが、本当の人間完成だと聖書は断言しているのです。これが、イエス・キリストの復活というテーマであって、人間のあらゆる学問の精髄を傾けて、研究すべきテーマです。

どうして彼は復活したのか。復活した彼の肉体はどういうものであったのか。やがて、この地球上にどういう関係を持つようになるのか。この地球はどうなるのか。人間社会はどうなるのかということです。

これを知ることが、最高の学です。これ以上の学はありません。これが本当の般若波羅蜜多になるのです。釈尊はこれをねらっていたのです。やがて、この地球上に現われるべき、新しい歴史、新しい人間の命のあり方を、明星によって、看破したのです。

もし、釈尊の一見明星という悟りがなかったら、実は、新約聖書の根底が成り立たないとさえも言えるかもしれないのです。こういう見方は、今まで世界になかったのですが、釈尊の悟りを延長すると、そうなるのです。

釈尊の般若波羅蜜多は、決して空論ではない。しかし、釈尊の時は、未来に現われる歴史が分からなかったのです。だから、どう説明していいか分からなかった。弥勤というように言われていますけれど、これが皆、宗教になってしまっているのです。

イエスの復活が、現実に生きている人間に、どのように具体的な係わりがあるのか。イエスの復活という問題が、もしこの地球上において実際生活で経験できないようなことなら、聖書など信じる必要がないのです。

従って、般若波羅蜜多はあるに決まっているのです。彼の土へ渡ることは、絶対にあるのです。やがて、文明は自滅していきます。自壊的に崩壊します。今の文明は、人間が造った文明ですから、永遠に存在するはずがないのです。

しかし、人間が生きているという命の本質は、絶対になくならないのです。これは、イエス・キリストの復活によって、すでに証明されているのです。もう結果が見えているのです。これが、新約聖書の本体です。

イエス・キリストの復活の他に、命はありません。だから、その命の中へ入ってしまえばいいのです。それだけのことです。これが、彼岸へ渡る方法です。

この命の中へ入ろうとする人は、なかなかいないのです。日本人の場合、大変難しいのです。日本人は、民族の伝統として、聖書と関係がないのです。いわゆる異邦人です。異邦人は、旧約時代には、獣扱いをされていたのです。

今、人間が生きている命は、すでに復活の命になってしまっているのです。彼岸は来てしまっているのです。これを、キリスト紀元と言います。キリスト紀元というのは、神の国が実現してしまっている時を意味するのです。釈尊が求めても求めても到達できなかった彼岸の世界が、現在現われているのです。迷っている人間には、分からないだけのことです。

イエス・キリストの復活が、学の対象になるべきですが、ユダヤ人がそれを妨害しているのです。専門学を並べて、文句を言っているのです。イエス・キリストの復活は、歴史の完成、地球の物理的な完成であって、これこそ唯一の学の対象になるべきものです。

般若心経は神の国の実体を述べていないのです。ただ入口があることだけを言っているのであって、般若波羅蜜多の実体の説明、彼岸の実質の説明は、一切していません。だから、般若心経だけではだめです。羯諦羯諦波羅羯諦ということは、おかしいのです。是大神呪、是大明呪、是無量是無等等呪も、般若心経だけで考えますとおかしいのです。般若心経が最高のものだと言っていますが、もう一つ最高のものがあるのです。イエス・キリストの復活という事実です。これは般若波羅蜜多よりも、もっと大きいのです。

今までの宗教観念や文明の感覚、学問に対する感覚という小さい考えをやめるのです。それよりもっと大きいものを掴まえていただきたいのです。

般若心経の冒頭に観自在菩薩という言葉があります。観音さんが自在を見たということですが、これは何を見たのかということです。

自在は自由自在の自在とも言えます。自というのは初めから在ったものという意味です。自とは、からという意味です。

原点根本があるとします。根本から始まったという意味のからです。観とは見ること、感じること、見極めることです。見極めて自分のものにすることです。これが観です。

観自在というのは初めからあったことを見たのです。観自在菩薩が大変な秘密を見極めたのではないのです。当たり前のことに気がついただけのことです。

「観自在菩薩行深　般若波羅蜜多」とありますが、観自在として生きている状態が、勝手に般若波羅蜜多になったのです。また、般若波羅蜜多を行じていることに、気がついたという意味です。

観音さんは自分が生きていることの実体にふっと気がついたのです、これが観自在です。本当の悟りというのは気がつくことです、気がつくことが本当の悟りです。

皆様が生きていることの中には、般若波羅蜜多があるから生きているのです。般若波羅蜜多がないものには絶対に生きることができないのです。

皆様は命があるから生きているのです。命とは何なのか。これが初めからあったものです。命が初めからなかったら、皆様が今生きているという事実があるはずがないのです。

地球が自転公転しているのは、命によるのです。命は初めからあったのです。地球ができる前から命があったのです。

初めからあった命が地球という格好で現われた。それだけのことです。

皆様が生まれる前に命があったのです。皆様の取り分だけの命があったのです。これがこの世に皆様という格好で現われたのです。これに気がつけば死ななくなるのです。私は簡単に述べていますが、大変なことを述べているのです。

自分が生まれる前に命があった。この命に気がつけば、死なないのです。大体、命は死なないものです。死ぬものは命とは言いません。生きている状態は死にますが、本当の命は死なないのです。

生というのが本当の命です。命というのは人間が現世に生きている状態を指すのです。皆様が現在肉体的に生きているという状態が命です。運命とか天命、寿命という場合には命という字を使います。

命は人間が現象的に生きているという文字であって、命の本質を意味するものではありません。

人間が生きていることの中にある本物を掴まえることができたら死なないのです。自分は死ぬと思っている人、また、死ななければならないと思っている人は、自分の業によって取得されてしまっているからそう思っているのです。

四苦というのは人間の業《ごう》です。人間には生老病死という四つの苦しみがありますが、これが業です。人間が肉体的にこの世に生きていることが業です。現世に生きていることにこだわっている状態では、本当のことは分かりません。自分に家族があるとか、商売をしているとか、年齢が何歳であるとか、こういうことにこだわっている状態では、自在を観じることができないのです。

自在とは初めからある命のことです。これを観音さんが見たのです。観音さんは見たのですが、世界歴史の実体に当てはめて話をすることができなかったのです。

観音さんは大乗仏教が造った抽象人格です。龍樹が造った抽象人格です。人間の悟りを人格化する状態で言いますと、観自在、観世音という言い方になるのです。

これは悟りの状態を人格化したのです。般若波羅蜜多の一つの状態を人格的に呼んだのです。これが観自在です。観自在という人間がいたのではないのです。人間が悟った気持ちの状態を、抽象人格として見ているのです。これが観自在です。

初めからある命は死なない命です。皆様がこの世に生まれてきたから死ぬことになったのです。そこで、この世に生まれてきたということを空じるのです。この世に生まれてきたという気持ちを捨ててしまうのです。そうすると、初めからの命がぽっと分かるのです。これが本当の命を悟ることになるのです。そうすると、死なないのです。

死なくなると聞いて、そんなことがあるはずがないと思われるでしょう。それは、生老病死に捉われているからです。この世に生きていることにこだわらないという気持ちを持って頂きたい。そうしたら分かるのです。

初めに命があったから、人間は生まれてきたのです。ところが、生まれてきたことにこだわっていますと、やがて死ななければならないことになるのです。

生まれる前の命を見つけて下さい。そうすると、死なない命が分かるのです。現在の物理次元の地球は、将来必ず壊れてなくなります。人間が住めなくなる時が来るでしょう。地球は解体してしまうのです。

生あるものは必ず死ぬのです。形があるものは必ず壊れるのです。地球という形があるものは、必ず滅してしまうのです。必ずそうなるのです。

人間が分かったとか、学理学説と言っていますが、結局地球がある間だけのことです。こんな地球を当てにするのではなく、地球ができる間の地球を見つけて頂きたいのです。

本当の命が地球として現われているのです。地球そのものが生物です。地球は生きているのです。だから、台風があったり、地震があったりするのです。地球が息をしているのです。

今の地球ができる前の地球があったはずです。これを見つけたら壊れない、潰れない地球が分かるはずです。このことを新約聖書では神の国と言っています。

イエスは「神の国と神の義を求めよ」と言っています。イエスはこれが分かったのです。分かったから、十字架によって殺されたが復活したのです。死を破ったのです。

死を破ることはできるのです。日曜日はイエスが死を破った記念日です。イエスが死を破ったのは歴史的事実です。だから、難しいと言わないで、般若心経を毛嫌いしないで、聖書を敬遠しないで頂きたいのです。

観音さんに分かったことが、皆様に分からないはずがありません。観音さんは皆様と同じ人格です。だから、観音さんが分かったことは、皆様にも当然分かるのです。

現世に生きている人間は、例外なく生老病死に捉われています。生というのは、今、人間が生きていることです。老は現世に生きていて年をとるという感覚です。病気になり、死んでいくと考えています。

現世に生きていること基準にして考えている。これが人間の業《ごう》です。人間は業に押え込まれているのです。

魂というのは五官が働いている状態を指しているのです。従って、これは肉体的に働いているのです。

生は命の本質が働いている状態です。生まれる前の命が今、魂として働いているのです。

人間はこの世に生きる為に生まれてきたのではないのです。この世で生活するために生まれてきたのではありません。

生まれる前の命を見つけるために、現世に生まれてきたのです。生まれる前の命を悟るか悟らないかということのためにだけ生まれてきたのです。生まれる前の命が命の本物、本質です。命の本物、本質を掴まえることができるかできないかが、人生全体の目的です。生活することが人生の目的ではありません。命を見極めることが目的です。

ですから、難しいとか時間がないとか言っていられないのです。生活していても仕方がない。ただ死ぬに決まっているだけですから、現世でどんな大きな仕事をしても、どんなに成功しても、どんなに地位や財産を得ても、死ぬに決まっているだけです。

人間は生老病死という業に押え込まれているのですから、現世にただ生きていても仕方がないのです。死ぬに決まっているからです。

そこで、死ぬに決まっている人生に見切りをつけて、般若波羅蜜多の気持ちにならないかと言っているのです。

日本人は率直に言いますと、運が良くない民族です。これは日本人だけではなくて、アメリカ人でもイギリス人でも同じです。ユダヤ人以外の民族は皆運が良くないのです。地球が何のために造られたのかということを、先祖代々知らなかったのです。本当の命を弁えている祖先がいなかったのです。

だから、日本人の考えは全て現世に属する考えです。従って、日本人的な物の考え方から、解説する勇気が必要です。

まず知って頂きたいことは、皆様の魂は皆様自身のものではないということです。現世に五官によって生きているという事実は、皆様自身の所有物ではないということです。天のものです。

天に命があって、その命が今私たちに現われているのです。魂を自分自身の所有物のように考えて、どのように生きようと自分の勝手だというわがままな考えを持っていると、死んでから大変なことになるのです。

命は自分のものではありません。これを自分のものとして勝手に使っていたのですから、これに対して刑罰を受けるのは当然のことです。

皆様の衣食住をご覧下さい。服の着方、食事の仕方、家の住み方、仕事の仕方は、神が肉体を持った生き方です。もし神が肉体を持ったら、皆様と同じような生き方をするに決まっているのです。皆様は神と同じような生き方をされているのです。そういうことを今皆様は経験しているのです。

例えば、マグロの刺身を食べるとおいしい味がします。マグロの刺身の味とは何でしょうか。これは生まれる前の命の味です。

四月になると桜の花が爛漫と咲きます。安原貞室が、「これはこれはとばかり花の吉野山」と詠んでいます。爛漫とした桜の花は何が咲いているのかと言いますと、皆様が生まれる前の命がそのまま咲いているのです。地球ができる前の命が、花という格好で現われているのです。

皆様が桜の花を見て綺麗だと考えることが、皆様の五官の本質が永遠の生命を看破するだけの力があるということです。

皆様の魂には、観自在菩薩になるだけの力が十分にあるのです。ところが、日本人は現世に生きるだけに一生懸命になっている。生老病死という人間の業に掴まえられているのです。そこで、自由にものが考えられなくなっているのです。

自分の常識、自分の経験、自分の記憶から抜け出すことができなくなっているのです。皆様は現世に執着を持っている。現世に執着を持ちすぎているのです。

皆様の魂のあり方が、大自然のあり方に従っていれば、勝手にご飯が食べられるに決まっているのです。最澄が、「道心に餌食あり」と言っています。道を極める心さえあれば、勝手にご飯が食べられると言っているのです。これは本当の事です。

鳥が生きている状態、魚が生きている状態が本当の命を示しているのです。人間には現世に生きる義務みたいなものがありますけれど、現世で働くために生まれてきたのではありません。

命の本質を見極めるために生まれてきたのです。観自在というのは人間の本当の仕事です。商売をしたり、学校の先生をしたり、弁護士になったりしていますが、これは本当の仕事ではありません。

真面目に働く気持ちがあれば、仕事はあるのです。仕事よりもっと大事なことは命を見極めるということです。

命を掴まえるか掴まえないかによって、人生の成功か失敗かが決まるのです。皆様は花の美しさが分かるのです。刺身の味が分かるのです。刺身の味が分かる人は、生まれる前の命が分かるに決まっているのです。その気になれば必ず分かるのです。

皆様は天の命を味わっている。神の命を味わっている。命の本質は神です。

皆様は宇宙でたった一つの神の命を預けられているのです。命は神からの預りものです。これを自分のものと考えたら、背任横領になるのです。他人のものを自分のもののように勝手に考えるからです。

人間は自由に命を使うことができますが、自由に使う権利が与えられているからできるのです。自由に使う権利が与えられているということは、それに対する責任を当然与えられているのです。

基本的人権には当然基本的責任がついて回るのです。この責任を果たすということが、観自在という境地に帰ることです。イエスが死を破ったという事実があるのです。イエスが死を破ったのなら、皆様にもできるに決まっているのです。

あとがき

人間が生きている意識が間違っている。この意識の間違いを、般若心経は五蘊皆空、また、究竟涅槃と言っているのです。生きていることの間違いを、般若心経は端的に指摘しているのです。

般若心経を読んでいる方でも、五蘊皆空、究竟涅槃が全く分かっていないのです。

般若心経の中に「遠離一切　顛倒夢想　究竟涅槃」という言葉がありますが、人間の常識、知識はひっくり返っていて、夢のような考えをしていると言っているのです。

例えば、皆様が今生きている命は、肉体的に生きている命です。死ぬに決まっている命です。死ぬに決まっている命を持っていながら、それを本当の命だと思い込んでいることを顛倒夢想と言っているのです。間違っている状態をそのまま鵜呑みにしているのです。

人間は目で見ているものがそのままあると考えるのです。これを五蘊皆空というのです。現在の人間の常識も学問もすべて五蘊によって成り立っているのです。学問によって人間の頭は良くなりますけれど、心が腐っていくのです。これが学校教育の内容です。

こういう文明の欠陥は般若心経を読んだら分かるのですが、般若心経を真面目に読んでいないのです。だから、頭が良くて心が腐っているのです。現在文明はこういう恐ろしい毒素を持っているのです。

こういう文明の毒素をばらまいているのが一部のユダヤ人です。文明が発達すれば人間の頭は良くなりますが、心が腐っていくのです。こういうことを奈良女子大の故岡潔教授が盛んに言っていました。

「現代教育は知性の発育をしきりに強調するために、人間の情操がだんだん崩れていっている。これは誠に困ったことだ」と同教授が言っていたのです。大学教授自身が現代教育の間違いを指摘しているのです。

心が腐っているとはどういうことかと言いますと、人間の情操が正確に働かなくなるのです。知性の発育ばかりを重視することになりますと、頭は良くなります。科学や文学、法律学を勉強しますと、頭は良くなりますけれど、情操が衰えていくのです。

これは重大な問題です。皆様が今持っている命は絶対に死んでしまうように決まっているのです。これを自分の命だと思っているのです。そのように思い込まされているのです。

現代文明によって、人間は間違った命を自分の命だと思い込まされているのです。これが死んでいく原因です。

般若心経はこのことを皆様に厳しく言っているのです。五蘊皆空です。人間の知識や常識は間違っているのです。ところが、寺のお坊さんはこのことを説明しないのです。お坊さん自身が迷っているからです。

仏教は宗教であって、本当の悟りではないのです。日本に仏教はあります。親鸞の仏教、法然の仏教、空海の仏教、道元の仏教はあります。仏教はたくさんありますけれど、これはそれぞれの教派のお祖師さんの宗教です。釈尊の悟りではないのです。

仏教は仏法ではありません。仏法は釈尊の悟りです。釈尊は明けの明星を見て、一切空とはっきり悟ったのです。

空ではない実体を釈尊は見つけたのです。自分が生きていることが空であると考えたのです。空であると考えざるを得なかったのです。そこで、実を見たので空ということができたのです。

釈尊は出家してバラモンの厳しい修行をしたのですが、本当の悟りは得られなかった。そこで、一切の自分の考えを捨てて、菩提樹の下で何も考えずに座ったのです。そして、四十日目の早朝に、明けの明星を見て悟ったのです。実を見たことによって、空を悟ったのです。これが仏法です。

日本では今までに実を悟った人がいないのです。日本の仏教は現在生きている人間が幸いになるというのです。空だとは言わないのです。現在生きている人間が空だと言いますと、商売にはならないのです。

宗教はどんなものでも商売です。ある程度商売も必要でしょう。般若心経が現在まで持続してきたのは仏教があったからです。

般若心経を今日まで持続してきたのは、仏教の功績だと言えるのです。しかし、般若心経を伝えてきたけれど、般若心経の実体を知らなかったのです。

親鸞は親鸞のように、空海は空海のように考えていたのです。すべてのお経の一番最初には、如是我聞という言葉があります。私はこのように悟ったという意味です。私はこのように考えているという意味です。ところが、般若心経にはそれがないのです。最初から観自在菩薩と言っているのです。これが般若心経が宗教ではない証拠です。ところが、お坊さんは般若心経を宗教の経典のように扱っているのです。これはとんでもない間違いです。こういう間違いを皆様はよく知って頂きたいのです。

現在の文明が根本から間違っているのです。皆様は文明によって死んでしまうに決まっている命を、本当の命のように考えさせられているからです。特に西欧文明がこれを強調しているのです。この考えを押しつけているのがユダヤ人です。

これはやむを得ない歴史の必然性と言えますけれど、私たちはこの歴史の間違いから出なければいけないのです。現代から離脱したらいいのです。これはできるのですから、そうして頂きたいのです。

観自在菩薩が皆様の人柄になればいいのです。皆様が観自在菩薩になれば、仏教ではない般若心経が分かります。

今まで皆様は生きていましたが、死ぬ命を生きていたのです。皆様はこの命から離脱することができるのです。離脱しなければいけないのです。

現代人は頭が良くてハートが腐っているのです。これは私だけの考えとは違います。これは新聞や雑誌の中に出ている考えです。これは非常に手厳しい意見ですが、本当のことです。

現代人はマインドは切れるけれども、ハートが腐っているのです。ハートが腐っている証拠に、死んでしまう命を与えられていながら、これを自分の命だと思い込んでいるのです。そのように思い込まされているのです。これが心が腐っている証拠です。

これは人間の本当の願いが分かっていないからです。現在の人間の常識は、死んでいく人間の常識です。現在の学問はすべて死んでいった人間が考えた学理学説です。これが学問になっているのです。死人の学を勉強しているのです。

今の学問は人間が現世に生きている間だけ通用する生活に関する情報です。これを学問と言って褒めすぎているのです。

皆様は学問を勉強して何が分かったのでしょうか、皆様の命の実質について学問は何が分かったのでしょうか。頭は良くなったでしょう。しかし、マインドが腐ってしまった。そして、とうとう命の実質が分からなくなってしまったのです。

この状態から離脱するためには、どうしても宗教ではない般若心経をもう一度見直すしかないのです。

梶原和義（かじわら　かずよし）

●名古屋市に生まれる。
●長年、般若心経と聖書の研究に没頭する。
●十三年間、大手都市銀行に勤務後、退職して新会社を設立する。
●現代文明の根源を探るため、ユダヤ人問題を研究する。
●「永遠の命」についての講話活動を各地で行っている。
●東京と関西で、随時勉強会を開催している。
●聖書研究会主幹の故村岡太三郎先生に師事し、般若心経と聖書の根本思想について、多くの事を学ぶ。また、村岡太三郎先生と共に「般若心経と聖書」というテーマで、全国での講演活動に参加した。
・毎年、七月から九月の間に、六甲山と軽井沢で開催された聖書研究会主催の夏期セミナーに講師として参加し、世界の文明・文化・政治・経済・宗教について指導した。
・毎年、大阪で聖書研究会により開催されている定例研究会に講師として参加。文明の間違い、宗教の間違いについて、十年以上にわたり指導した。
・聖書研究会神戸地区の地区指導員として、十五年にわたって監督、指導した。
・大阪の出版社ＪＤＣ出版の主催による講話会で、「永遠の生命を得るために」「般若心経と聖書」等について連続講義をした。
・川崎市の川崎マリエンにて、土曜日の午後一時半から四時半頃まで、勉強会を開催している。
(休む場合もあります)
・日曜日の午前十時半から十二時頃まで、全国の読者に向けてスカイプにて講話活動を行っている。

● 一九九五年、一九九七年、世界一周をして、政治・経済・文化・人々の生活について広く見聞した。
・一九九五年七月二十六日エリトリアのイザイアス・アフェワルキー(Isaias Afeworki)大統領に面会し、エリトリアと日本の関係、エリトリア、アフリカの将来について話し合った。
・一九九七年二月十八日から二十八日の間に、イスラエルシャローム党創設者ウリ・アブネリ(Uri Avnery)氏と頻繁に会い、イスラエルの現状・PLOとの関係、イスラエルと日本との関係、ユダヤ教とメシア、イスラエルと世界の将来、人類の将来と世界平和等についてつっこんだ話合いをした。
・一九九五年六月二十七日より十月十七日迄、世界一周のためにウクライナ船「カレリア号」に乗船。船内で開催された洋上大学に講師として参加し、「東洋文明と西洋文明の融合」「永遠の生命とは何か」「永遠の生命を得るために」等について講演した。
・一九九七年十二月十九日から一九九八年三月二十一日迄、世界一周のためにインドネシア船

「アワニ・ドリーム号」に乗船。船内の乗客に「般若心経と聖書」というテーマで、三十三回の連続講義をした。この内容は拙著「ふたつの地球をめざして」に掲載している。

●日本ペンクラブ会員。
●日本文藝家協会会員。
●㈱アラジン代表取締役
●「礼和舵塾」塾長

著書

「永遠の生命」「永遠のいのち」「超幸福論」「超平和論」「超自由論」「超健康論」「超恋愛論」
「超希望論」「超未来論」
「ユダヤ人の動向は人類の運命を左右する」
「ユダヤ人が悔い改めれば世界に驚くべき平和が訪れる」
「ユダヤ人が立ち直れば世界に完全平和が実現する」
「ユダヤ人問題は文明の中心テーマ」
「ユダヤ人を中心にして世界は動いている」
「ユダヤ人問題は歴史の中の最大の秘密」

「ユダヤ人問題は地球の運命を左右する」
「イスラエルの回復は人類の悲願」
「ユダヤ人の盛衰興亡は人類の運命を左右する」
「ユダヤ人が回復すれば世界に完全平和が実現する」
「ユダヤ人問題は人間歴史最大のテーマ」
「ユダヤ人の回復は地球完成の必須条件」
「イスラエルが回復すれば世界は見事に立ち直る」
「ユダヤ人が悔い改めれば世界は一変する」
「とこしえの命を得るために 1」
「とこしえの命を得るために 2」
「とこしえの命を得るために 3」
「とこしえの命を得るために 4」
「とこしえの命を得るために 5」
「やがて地球は完成する」
「千年間の絶対平和」
「究極の人間の品格」
「究極の人間の品格 2」

「究極の人間の品格 [3]」
「般若心経と聖書の不思議な関係 [1]」
「般若心経と聖書の不思議な関係 [2]」
「般若心経と聖書の不思議な関係 [3]」
「ユダヤ人と人類に与えられた永遠の生命 [1]」
「ユダヤ人と人類に与えられた永遠の生命 [2]」
「ユダヤ人と人類に与えられた永遠の生命 [3]」
「ユダヤ人と人類に与えられた永遠の生命 [4]」
「ユダヤ人と人類に与えられた永遠の生命 [5]」
「ユダヤ人と人類に与えられた永遠の生命 [6]」
「ユダヤ人と人類に与えられた永遠の生命 [7]」
「ユダヤ人と人類に与えられた永遠の生命 [8]」
「ユダヤ人と人類に与えられた永遠の生命 [9]」
「ユダヤ人と人類に与えられた永遠の生命 [10]」
「死んでたまるか」
「死ぬのは真っ平ごめん」
「人類は死に完全勝利した」

「死は真っ赤な嘘」
「死ぬのは絶対お断り　上」
「死ぬのは絶対お断り　下」
「我死に勝てり　上巻」
「我死に勝てり　中巻」
「我死に勝てり　下巻」
「死なない人間になりました　上巻」
「死なない人間になりました　中巻」
「死なない人間になりました　下巻」
「あなたも死なない人間になりませんか　上巻」
「死なない人間の集団をつくります」
「世界でたった一つの宝もの　上巻」
「世界でたった一つの宝もの　中巻」
「世界でたった一つの宝もの　下巻」
「人類史上初めて明かされた神の国に入る方法　Ⅰ」
「人類史上初めて明かされた神の国に入る方法　Ⅱ」
「人類史上初めて明かされた神の国に入る方法　Ⅲ」

「人類史上初めて明かされた神の国に入る方法Ⅳ」
「人類史上初めて明かされた神の国に入る方法Ⅴ」
「人類史上初めて明かされた彼岸に入る方法1」
「人類史上初めて明かされた彼岸に入る方法2」
「人類史上初めて明かされた彼岸に入る方法3」
「人類史上初めて明かされた彼岸に入る方法4」
「人類史上初めて明かされた彼岸に入る方法5」
「般若心経の驚くべき功徳」（ＪＤＣ）
「永遠の生命を得るために」第一巻〜第四巻（近代文藝社）
「ふたつの地球をめざして」「ノアの方舟世界を巡る」（第三書館）
「ユダヤ人が立ち直れば世界が見事に立ち直る」
「ユダヤ人が方向転換すれば世界全体が方向転換する」
「人類の救いも滅びもユダヤ人からくる」
「ユダヤ人に与えられた永遠の生命」（文芸社）

インターネットのみで販売している「マイブックル」での著書
「世界に完全平和を実現するために」（第一巻）（第二巻）

「ユダヤ人問題について考察する」第一巻〜第五巻
「ユダヤ人が悔い改めれば地球に驚くべき平和が実現する」第一巻〜第五巻
「ユダヤ人が悔い改めれば地球に完全平和が訪れる」第一巻〜第五巻
「ユダヤ人問題とは何か」第一巻〜第五巻
「真の世界平和実現のための私の提言」第一巻〜第五巻
「人類と地球の未来を展望する」第一巻〜第七巻
「人類へのメッセージ」第一巻〜第八巻
「般若心経と聖書の不思議な関係」
「永遠の生命について考察する」第一巻〜第十一巻
「誰でも分かる永遠の生命」第一巻〜第五巻
「ユダヤ人が悔い改めれば千年間の世界平和が必ず実現する」

現住所　〒673-0541　兵庫県三木市志染町広野6-169-4
TEL　090（3940）5426　FAX　0794（87）1960
E-mail：akenomyojo@k.vodafone.ne.jp
http://www23.tok2.com/home/kajiwara102/
http://twitter.com/kajiwara1941
blog：http://eien201683.ieyasu.com/
YOUTUBE：http://www.youtube.com/user/kajiwara1941
https://www.facebook.com/kazuyosi.kajiwara
https://www.instagram.com/kazuyosikajiwara/

般若心経には人類を救う驚くべき力がある

発行日
2020年4月20日
著　者
梶原和義
発行者
久保岡宣子
発行所
JDC出版
〒552-0001　大阪市港区波除6-5-18
TEL.06-6581-2811(代)　FAX.06-6581-2670
E-mail：book@sekitansouko.com
H.P：http://www.sekitansouko.com
郵便振替　00940-8-28280
印刷製本
前田印刷株式会社

乞うご期待！
梶原和義　般若心経 四部作
続々発行予定！

「般若心経には
文明を新しくする
驚くべき秘密がある」

「般若心経は
人間文化最高の宝もの」